FOURIER

PRÉCURSEUR DE LA COOPÉRATION

PAR

CHARLES GIDE

PROFESSEUR AU COLLÈGE DE FRANCE

Prix, 6 Francs.

ASSOCIATION
POUR L'ENSEIGNEMENT DE LA COOPÉRATION
85, RUE CHARLOT, PARIS
1924.

FOURIER
PRÉCURSEUR DE LA COOPÉRATION

PAR

CHARLES GIDE

PROFESSEUR AU COLLÈGE DE FRANCE

OUVRAGES DU MÊME AUTEUR

Les Sociétés Coopératives de Consommation, 4e édition, 1923.

La Coopération, Conférences de propagande, 4e édition, 1922.

Des Institutions en vue de la transformation ou de l'abolition du salariat, chez Giard, 1920.

Cours sur la Coopération, 1922-1924, publiés en brochures, quatre séries parues :

- Série I. — *Le Juste Prix*, 7 brochures.
- — II. — *Charles Fourier*, [illegible] rochures.
- — III. — *Le Profil*, 8 brochures.
- — IV. — *Les Associations coopératives de production*, 7 brochures.

Histoire des Doctrines économiques depuis les Physiocrates jusqu'à nos jours, par Gide et Rist, 4e édition, 1922.

Premières Notions d'Économie Politique, 1922.

Principes d'Économie Politique, 24e édition, 1923.

Cours d'Économie Politique, 2 vol., 7e et 8e édition, 1922-1923.

Les Institutions de progrès social, 5e édition, 1920.

AVANT-PROPOS

Ce petit volume est la reproduction sténographique d'un cours donné au Collège de France en 1922-1923, cours fondé par l'Association de l'Enseignement de la Coopération. Il avait paru d'abord sous forme de brochures éditées par la Fédération Nationale des Sociétés Coopératives de Consommation.

Le lecteur voudra donc bien se considérer comme un auditeur et ne pas chercher dans ces pages une étude très documentée et des références bibliographiques que l'enseignement oral ne comporte pas.

Tel quel nous espérons que ce livre vaudra quelques sympathies à un socialiste français trop discrédité et réveillera quelque curiosité pour ses doctrines. S'il a dit beaucoup de folies, c'est à la façon de ces fous des rois d'autrefois qui en disaient aussi, en faisant sonner leurs grelots, mais pour assaisonner de dures vérités.

CHARLES GIDE.

INTRODUCTION

§ 1. Le discrédit et la réhabilitation de Fourier

La première moitié du XIXe siècle a été en France l'époque d'une floraison de systèmes sociaux telle qu'on n'en a point vue dans aucun autre pays. Les Allemands eux-mêmes ont reconnu que c'est au cours de cette première moitié du XIXe siècle que la France avait donné au monde le socialisme. Les noms de Saint-Simon, de Fourier, de Proudhon, et d'autres quoique moins illustres, tels qu'Enfantin, Pecqueur, Louis Blanc, ont été ceux de précurseurs comme on n'en trouve point ailleurs. Et cependant, cette période du socialisme français semblait ne devoir être qu'un feu de paille, car, dans la seconde moitié de ce même siècle, elle se trouvait complètement discréditée.

Les raisons qui ont amené ce discrédit des socialistes français du siècle précédent sont nombreuses; il faudrait plusieurs leçons pour les indiquer.

Je me bornerai à rappeler d'abord l'avènement du marxisme après 1871 et même un peu avant, à partir de 1867, l'avènement d'un système socialiste qui fut lié dans une certaine mesure à la victoire de l'Allemagne en 1870, car la victoire a toujours été la meilleure des réclames non seulement pour le développement commercial et industriel, mais, si absurde que ce puisse être, pour la propagande des doctrines.

En plus de cette raison, il y en a une autre plus profonde : c'est le fait qu'étant donné la prétention du socialisme nouveau à n'employer que la méthode scientifique, à se fonder uniquement sur l'histoire, l'évolution, la critique, il ne pouvait qu'afficher le plus profond mépris pour le socialisme français dit utopique, parce que celui-ci consistait en constructions *a priori*, idéologiques, parce qu'il se montrait fraternisant, épris de justice, la larme à l'œil, le cœur sur la main.

Il y eut enfin cette raison que les socialistes français de cette époque furent considérés comme des bourgeois, non pas seulement parce que leurs auteurs étaient des bourgeois — ceci n'eût été rien que de normal, car tous ceux qui ont enseigné le socialisme dans le monde ont été des bourgeois, y compris actuellement Lénine et Trotski — mais surtout parce que leurs systèmes eux-mêmes étaient faits pour les bourgeois aussi bien que pour les ouvriers. Ces socialistes débonnaires n'admettaient pas, comme nous aurons l'occasion de le voir, de distinctions de classes ni moins encore de luttes de classes, dans leur marche à l'étoile.

Mais depuis quelques années, depuis la dernière guerre, il y a eu un changement de scène : le socialisme français qualifié utopique a reparu sur le premier plan. Pourquoi ? Peut-être d'abord pour la même raison stupide que je viens d'indiquer tout à l'heure, parce que de même que le marxisme avait dû en partie son succès à la victoire de l'Allemagne, de même maintenant il supportait les conséquences de la défaite. Une seconde fois, en un demi-siècle, la destinée des doctrines se trouvait subir, dans une certaine mesure, le contre-coup des événements politiques.

Mais d'autres raisons peuvent expliquer la réhabilitation actuelle du vieux socialisme français. C'est parce que, en regardant d'un peu plus près leurs écrits, leurs doctrines, on s'est aperçu que, sous une forme plus ou moins utopique ou mystique, il y avait un très grand nombre d'observations sociologiques qui s'étaient trouvées confirmées par les événements, dont on pouvait tirer instruction aujourd'hui, et que, malgré les dénégations de Karl Marx, le marxisme lui-même leur devait une bonne partie de ce qu'il avait enseigné.

C'est pourquoi, depuis quelques années, les socialistes français du commencement et du milieu du siècle précédent ont fait l'objet d'un très grand nombre d'études. Il a paru récemment plusieurs livres, notamment sur Proudhon, sa doctrine, son enseignement. L'un d'eux est dû à M. Bouglé, professeur à l'Ecole Normale et à la Sorbonne, qui s'est affirmé sinon comme disciple du moins comme admirateur de Proudhon (1). Saint-Simon aussi vient de bénéficier d'un renouvellement de crédit. Une grande Revue a été fondée l'année dernière sous son parrainage, en ce sens qu'elle a pris pour titre *Le Producteur*, précisément en souvenir du journal de l'école de Saint-Simon qui portait cette même dénomination, et elle déclare hautement reprendre les doctrines Saint-Simoniennes sur le rôle du producteur et son droit au gouvernement économique.

De ces trois grands socialistes, Proudhon, Saint-Simon et Fourier, ce dernier n'a pas bénéficié au même degré de ce retour de faveur. C'est cependant le seul des trois qui ait une statue à Paris; vous pouvez la voir boulevard Clichy, et vous lirez sur le socle des inscriptions en style cabalistique, telle que celle-ci : « les attractions sont proportionnelles aux destinées ». Mais, malgré sa statue, Fourier n'a pas encore repris dans l'histoire des doctrines économiques la place qui, à mon avis, lui est due.

Il y a bien des raisons pour expliquer qu'il ait été le plus malheureux des trois et le plus difficile à réhabiliter !

D'abord, ce qui l'explique suffisamment c'est une excentricité de pensée et de style qui, en maintes pages, ne se distingue pas de la folie pure et simple et dont le mieux qu'on puisse dire, pour l'excuser, c'est que c'est une folie simulée, encore n'est-ce pas bien sûr. Il suffit d'ouvrir ses livres, dans les éditions originales, pour se sentir soi-même pris de vertige. Ce sont des volumes énormes où dansent des caractères de toutes

---

(1) Bouglé, *La Sociologie de Proudhon*, 1911.
Proudhon et notre temps, par la Société des Amis de Proudhon, 1920.

espèces, les uns ordinaires, les autres italiques, les autres majuscules, avec des lettres X, Y, les unes couchées, les autres renversées la tête en bas, où il semble que le typo ait vidé pêle-mêle tous les caractères de son casier; et puis des titres ou manchettes extravagantes, cislégomène, pivot direct, pivot inverse, intermède et introduction, celle-ci se trouvant généralement à la fin du livre, à la place de la table des matières qui manque. C'est ce qu'il appelle lui-même écrire « en ordre dispersé »; en effet, on ne saurait mieux le qualifier ! Et tout un vocabulaire dont il faut avoir la clé et qui fait de ses livres un véritable grimoire de nécromancien.

Sa folie ne se manifeste pas seulement par la présentation typographique du livre mais aussi par le texte. Je ne puis consacrer la leçon à vous énumérer les folies de Fourier, tout le cours de l'année y passerait, mais pour vous présenter un portrait fidèle, il faut bien pourtant donner quelque idée de ses extravagances.

D'abord de l'opinion qu'il avait de lui-même. Voici une ode, la seule pièce de vers qui soit sortie de sa plume à ma connaissance, car tous ses livres sont en prose; je n'en lirai que la première et la dernière strophes :

Justes qui souffrez en silence,
Au dédain partout condamnés,
Peuples qui dormez enchaînés
Par la terreur et l'indigence,
L'instant du réveil est sonné!
Un prophète aux humains donné
Vient du sophisme écraser l'hydre.
Cinq mille ans le crime a régné;
Enfin s'épuise le clepsydre
Aux temps d'infortune assigné.

Paris, moderne Babylone,
Lorsque de mes pénibles jours
La Parque aura tranché le cours,
Tu voudras tresser ma couronne.
Tes fils viendront sur mon cercueil
Déplorer ton vandale orgueil,
Illustrer, venger ma mémoire.
Ils conduiront au Panthéon
Ma cendre, plus riche de gloire
Que César, que Napoléon.

Et voici une autre page, celle-ci en prose et en style moins lyrique que celle que je viens de lire, mais qui ne manque pas aussi d'un certain souffle :

J'ai marché seul au but, sans chemin frayé. Moi seul, j'aurai convaincu vingt siècles d'imbécillité politique et c'est à moi seul que les générations présentes et futures devront l'initiative de leur immense bonheur...

Avant moi, l'humanité a perdu plusieurs milliers d'années à lutter follement contre la nature; moi le premier j'ai fléchi devant cette nature, étudiant l'attraction organe de ses secrets.

Elle a daigné sourire au seul mortel qui l'ait encensée, elle lui a livré tous ses trésors. Possesseur du livre des destins, je viens dissiper les ténèbres politiques et morales et sur les ruines des sciences incertaines j'élève la théorie de l'harmonie universelle (2).

Dans le même livre, il formule avec le plus grand sérieux, cette déclaration étourdissante :

Si nous pouvions voir subitement cet ordre combiné (le sien) tel qu'il sera dans la pleine activité, il est hors de doute que beaucoup de civilisés seraient frappés de mort par la violence de leur extase.

Beaucoup de personnes seraient malades de saisissement et de regret en voyant subitement tant de bonheur dont elles auraient pu jouir ! ... C'est pour ne pas les désespérer que je répandrai à dessein un ton de froideur sur mes premiers mémoires.

Il se considérait comme le continuateur de Newton, ayant découvert la loi sociale de l'Attraction Universelle.

Science effleurée par Newton qui en a expliqué une branche.

Encore dans tout ceci peut-on voir plutôt l'orgueil d'un cerveau en ébullition, peut-être même la plaisanterie d'un humoriste, que des accès de folie caractérisés, soit ! Mais je pourrais vous lire cent passages où il est difficile de voir autre chose que de l'aliénation mentale,

---

(2) *Théorie des Quatre Mouvements*, 1808.

notamment ses conceptions astronomiques ou plutôt astrologiques, telles que celle sur le rôle des trois petites planètes, Pallas, Junon, Cérès, qui ont engendré trois espèces de groseilles, et de Phœbé (la lune) qui devait en engendrer une quatrième encore plus savoureuse — si malheureusement « elle n'était décédée » !

Pourtant ce ne sont pas assurément ces traits de folie qui m'auraient déterminé à venir vous entretenir de Fourier. Qu'y a-t-il dans son œuvre qui suffise à racheter ces hallucinations?

D'abord ces folies doivent souvent être interprétées comme une façon bizarre de frapper l'imagination du lecteur en lui présentant, sous cette forme excentrique, des prophéties dont beaucoup sont vraiment d'une justesse extraordinaire et tout à fait saisissante.

S'il s'était borné, par exemple, à dire qu'un jour viendrait où l'on pourrait, en partant le matin de Marseille, déjeuner à Lyon et dîner à Paris, nous penserions aujourd'hui que c'était une prophétie assez remarquable pour avoir été écrite en 1822, il y a juste un siècle, mais probablement ses contemporains auraient haussé les épaules. C'est pourquoi il a cru devoir présenter une vision apocalyptique : « le trajet, dit-il, s'accomplira avec cette rapidité parce que sur le dos d'un porteur souple, élastique, qui sera l'anti-lion ». Les lecteurs pouffent de rire, mais retiennent l'idée. Et aujourd'hui, si vous mettez sous cette espèce de symbole de l'anti-lion un avion, la prophétie ne vous paraîtra plus risible. Quand il écrit : « tel vaisseau parti de Londres arrive aujourd'hui en Chine; la planète Mercure, avisée des arrivages et mouvements par les astronomes d'Asie, en transmettra la liste aux astronomes de Londres », il suffit de transposer cette prophétie en style du jour et de lire : « quand un navire arrivera en Chine, la T. S. F. en transmettra la nouvelle à la Tour Eiffel ou à Londres », on trouvera, je pense, que c'est là une anticipation extraordinaire. C'est précisément ce qu'il a voulu dire : la planète Mercure est là pour figurer une force, ignorée encore, qui permettrait de transmettre les messages, et qu'il a pressentie (3). Il y a là un véritable génie divinatoire.

Et même lorsqu'il s'agit de visions auxquelles l'avenir n'apportera sans doute aucune espèce de confirmation, il y en a cependant parfois qui sont impressionnantes. Quand il parle, par exemple, dans un de ses livres, d'une armée céleste que le Conseil sidéral a résolu d'envoyer au secours de l'Humanité, armée qui est en route déjà depuis 1.700 ans, et qui n'a plus que 300 ans de chemin à faire pour arriver aux confins du système solaire — eh bien! la vision de cette armée que les astres envoient au secours de notre planète et qui, volant à travers les espaces avec la vitesse sans doute de la lumière, n'a plus que trois siècles de voyage pour nous tendre la main — encore un peu de patience, pauvres fils d'Adam, les frères célestes approchent! — cela donne un peu le frisson de l'Apocalypse. En d'autres occasions cette folie se montre aimable, côtoyant de près la sagesse, abondante en observations fines et ingénieuses, un peu comme celle de Don Quichotte débitant ses harangues sur l'âge d'or aux chevriers émerveillés.

Une autre raison encore m'a déterminé à choisir Fourier, oserais-je l'avouer, c'est un sentiment de sympathie personnelle pour ce bizarre génie. Le premier souvenir que j'ai de Fourier remonte à ma première enfance. Il ne s'est pas présenté à moi sous des dehors bien attrayants : je l'ai vu pour la première fois dans l'album d'un dessinateur, Cham, le Forain de l'époque,

---

(3) Voici une autre prédiction qui est assez réussie : « Son intention (de Dieu) est que la route par le détroit de Magellan soit abandonnée et qu'on fasse aux isthmes de Suez et de Panama des canaux navigables aux grands vaisseaux. Ces travaux, et tant d'autres, dont l'idée épouvante les civilisés, ne seraient que des jeux d'enfants pour des armées industrielles. »

Et celle-ci, dans le même livre, qui, cent ans avant que le féminisme eut été inventé et sous la plume d'un célibataire impénitent, ne manque pas de portée : « L'extension du privilège des femmes est le principe général de tous progrès sociaux. » (*Les Quatre Mouvement*, p. 133.)

Notons encore l'affirmation de la nécessité et de la réalisation à brève échéance d'une langue internationale — et tant d'autres.

qui avait fait des cahiers de caricatures sur les socialistes du temps. On y voyait un Fourier ayant une longue queue en forme de poisson, avec un œil à l'extrémité de cette queue. C'est ainsi qu'on le présentait parce que, dans ses prophéties, il avait émis l'opinion que les habitants des autres planètes étaient mieux pourvus que nous en fait d'organes et jouissaient notamment « d'un membre dont nous sommes privés et qui comporte principalement les propriétés suivantes : garantie contre les chutes, arme puissante, ornement superbe, etc. » Mais il n'avait pas dit que les habitants de notre terre seraient ainsi transformés ! quoique l'on continue aujourd'hui, même des écrivains comme Anatole France, à lui attribuer cette absurdité.

Quoi qu'il en soit, c'est ainsi que je fis sa connaissance et elle avait laissé une impression assez terrifiante dans mon imagination d'enfant. Plus tard j'ai rencontré un fouriériste dans la petite ville où je vivais qui, lui, au contraire, dans les entretiens des longues soirées vides de la vie de province, dissipa ce cauchemar et le remplaça par une autre impression, celle-ci tout à fait bienveillante, en me décrivant les merveilles du phalanstère, de l'association intégrale. Je me mis alors à lire ses livres, non sans peine mais ni sans plaisir, et même, pour ceux qui auraient moins de courage et que la lecture de ses hiéroglyphes aurait rebutés, j'ai publié charitablement, il y a quelque trente ans, un petit livre, aujourd'hui tout à fait épuisé, sous le titre *Œuvres choisies de Fourier.*

J'ai la satisfaction de dire que j'ai vu dans ma vie un certain revirement de l'opinion publique et tandis que, à la fin du siècle dernier, personne ne daignait parler de Fourier autrement que pour le traiter de fou, peu à peu l'opinion publique s'est modifiée. Paul Leroy-Beaulieu, par exemple, qui dans ses premiers livres n'avait parlé de Fourier que de la façon la plus méprisante, en était arrivé à le qualifier, dans ses derniers écrits, comme le plus génial des socialistes. Je serais heureux de penser que je n'ai pas été tout à fait étranger à ce revirement.

§ 2. Fourier précurseur de l'Association Coopérative

Mais toutes ces raisons n'auraient pas suffi à me faire choisir Fourier comme sujet spécial d'un cours qui doit porter sur la Coopération, si je n'avais pensé que Fourier méritât le titre de précurseur du mouvement coopératif — et cela quant à ses deux formes essentielles : société coopérative de consommation, société coopérative de production.

Le titre de cet enseignement, tel qu'il figure sur l'affiche du cours, c'est « l'histoire et la doctrine de la coopération ». Or, en fait d'histoire, je ne saurais faire mieux que de parler des précurseurs qui ont préparé et amorcé le mouvement coopératif. Et comme je ne dois pas me borner à la société coopérative de consommation mais parler aussi de la coopération de production, Fourier nous fournira précisément l'occasion de parler des deux à la fois.

Reste à vous expliquer en quoi et comment Fourier m'apparaît comme le précurseur de ces deux formes du mouvement coopératif.

Tout d'abord par l'observation qui a servi de point de départ à tout son système et qui est un fait de « consommation ». C'est lui-même qui nous dit dans son livre quelle a été l'origine de toute sa doctrine sociale : je vais vous lire cette page amusante où vous trouverez les caractères fantaisistes du style fouriériste.

Le hasard entre pour moitié dans le succès des hommes de génie. Moi-même, je lui ai payé tribut dans la découverte du calcul de l'attraction. Une pomme devint pour moi comme pour Newton une boussole de calcul. Cette pomme, digne de célébrité, fut payée 14 sous par un voyageur qui dînait avec moi chez le restaurateur Février, à Paris. Je sortais alors d'un pays où des pommes égales et encore supérieures se vendaient un demi-liard, c'est-à-dire plus de cent pour 14 sous. Je fus si frappé de cette différence de prix entre pays de même température que je commençai à soupçonner un désordre fondamental dans le mécanisme industriel et de là naquirent les recherches qui me firent découvrir, au bout de quatre ans, la théorie des séries de groupes industriels et par suite les lois du mouvement universel.

J'ai remarqué depuis ce temps qu'on pouvait compter dans l'histoire quatre pommes célèbres : deux par les désastres qu'elles ont causés, celle d'Adam et celle de Pâris ; — et deux par les services qu'elles ont rendus à la science, celle de Newton et la mienne. Ce quadrille de pommes célèbres ne mérite-t-il pas une page dans l'histoire ?

Voilà donc un acte d'exploitation du consommateur — le fait que des pommes vendues un certain prix au lieu de production se revendaient 20 fois plus aux consommateurs — qui a été le point de départ de tout le système de Fourier.

Or, tel est bien le point de départ de tout le mouvement coopératif, du moins en ce qui concerne les sociétés de consommation, à savoir : 1° la constatation de ce fait que le consommateur est exploité, le prix des marchandises étant partout très supérieur au juste prix, à la véritable valeur; 2° et de ce fait, l'induction qu'il doit y avoir dans l'organisation économique des sociétés modernes quelque vice rédhibitoire qu'il faut guérir.

Dans cette protestation de Fourier il y a quelque chose de vraiment neuf, car avant lui l'histoire n'avait connu qu'une protestation qui n'a jamais cessé, celle des travailleurs, sous le régime de l'esclavage, sous celui du servage, sous celui du salariat — et aussi celle des débiteurs contre l'usure — mais elle n'avait pas entendu la plainte du consommateur : celle-ci ne s'était jamais fait entendre avant Fourier ! Il y a eu certainement dans le passé des réclamations pour les prix et même, à Rome et ailleurs, des interventions des pouvoirs publics pour fixer les prix maxima, mais cette idée que le consommateur était exploité et que cette exploitation du consommateur était une question aussi grave socialement que l'exploitation du travailleur, voilà une observation qui, pour autant qu'elle peut être attribuée à Fourier, ne constitue pas un mince titre dans l'histoire économique. Il y avait d'autant plus de mérite à faire entendre cette protestation que l'intéressé, le consommateur, lui, n'avait nullement conscience d'être exploité, à la différence du travailleur qui, lui, s'en est toujours douté; il a fallu qu'il trouvât un interprète pour lui apprendre ce qu'il ignorait. Eh bien, Fourier a dessillé ses yeux et, de ce jour, le consommateur a pu s'écrier, comme l'aveugle de Jéricho : J'étais aveugle et maintenant je vois!

Fourier ne s'est pas contenté de faire entendre une protestation platonique, quoique ce fût déjà assez pour justifier la place que nous lui donnons ici, mais il a indiqué le moyen de faire cesser cette exploitation du consommateur. Et quel est le moyen qu'il a indiqué ? Est-ce l'intervention de l'Etat comme elle avait eu lieu dans le passé sous forme de prix maxima, tels qu'ils reparaissent si souvent dans les décrets du moyen âge ? Non, Fourier ne veut pas de l'intervention de l'Etat, il l'écarte par cette parole magnifique : « Tout ce qu'on demande à la contrainte est fragile et dénote un manque de génie. » Ce n'est donc pas la contrainte qu'il emploiera pour briser cette exploitation du consommateur, c'est la libre exploitation des intéressés eux-mêmes, des consommateurs groupés pour produire eux-mêmes tout ce qui est nécessaire à leurs besoins et pour consommer tout ce qu'ils produisent; les consommateurs formant ainsi dans le monde économique (ce monde que Fourier appelle avec mépris « la civilisation ») des îlots — de grands ménages, chaque ménage devant compter environ 400 familles et constituer ce qu'il appelle le *phalanstère*. Ce mot est le plus connu, mais le véritable nom qu'il lui avait donné est *association domestique agricole*, tout à la fois société coopérative de consommation et société coopérative de production, emboîtées l'une dans l'autre, solidaires l'une de l'autre, de façon à former par leur réunion l'association coopérative intégrale.

Eh bien, nous avons là tout ce que le mouvement coopératif a réalisé et même beaucoup plus encore, car cette association coopérative intégrale n'a pu encore, à l'heure qu'il est, être réalisée nulle part, mais seulement par parties séparées. Fourier a attendu toute sa vie un capitaliste philanthrope qui lui apporterait les moyens de réaliser son association coopérative intégrale, car, ainsi que je vous le disais, son socialisme n'est nullement un socialisme ouvrier. La formule fameuse de

Karl Marx : « L'émancipation des travailleurs ne peut venir que des travailleurs eux-mêmes », est tout à fait étrangère au programme du socialisme de cette époque et particulièrement celui de Fourier. Non seulement il n'excluait pas la classe possédante comme facteur de la transformation sociale, mais même il ne l'excluait pas des bienfaits à en attendre; il voulait que cette association coopérative intégrale réalisât le bonheur non seulement pour les ouvriers, mais pour tous; sa thèse était que, dans notre civilisation, les riches étaient aussi malheureux que les pauvres et avaient autant besoin d'être sauvés! « L'industrie civilisée, disait-il dans une parole admirable, ne peut que créer les éléments du bonheur, mais non le bonheur. »

Nous n'avons pas réalisé l'association intégrale de Fourier, c'est-à-dire à double face : production et consommation réunies, et ne pouvons même pas savoir si elle est réalisable, mais de ce phalanstère utopique sont parties deux voies divergentes qui ont conduit :

L'une, à la création des associations coopératives de production;

L'autre à la constitution des sociétés coopératives de consommation.

§ 3. Les anticipations de Fourier

Voilà donc des titres qui suffisent pour justifier la place que nous donnons à Fourier parmi les précurseurs de la coopération. Je voudrais, dans cette introduction, donner un aperçu de son œuvre encyclopédique et indiquer les différentes perspectives que l'étude du système fouriériste nous ouvrira.

Et d'abord, l'organisation de ce grand ménage dont je viens de parler, le phalanstère, association de consommation collective, soit pour l'alimentation, soit pour le logement, nous apparaîtra comme une résurrection de cette forme d'industrie primitive bien connue dans l'histoire économique : « l'économie domestique », mais sous une forme modernisée et agrandie et par là capable peut-être de résoudre quelques-uns des problèmes angoissants qui se posent aujourd'hui : la vie chère, la disette de logement. Nous aurons à noter, toujours dans l'ordre de la consommation, les idées de Fourier sur les modes les plus économiques de la consommation. Il est curieux qu'un homme complètement dépourvu de toutes espèces de notions scientifiques ait, à certains égards, devancé les enseignements de l'hygiène alimentaire — ne fût-ce, par exemple, que par la place tout à fait hors ligne qu'il a donnée au sucre; à une époque où le sucre était considéré comme une gourmandise nocive pour les enfants, il le déclarait base d'alimentation.

Nous trouverons dans ce même ordre de problèmes de l'économie domestique, la question des domestiques, qui n'a pas d'intérêt pour la classe ouvrière mais un très grand pour la classe bourgeoise et qui, tout particulièrement pendant la guerre, est devenue pour les jeunes ménages une question tout à fait angoissante, si grave qu'elle peut avoir une répercussion sur la question de la natalité; quand les ménages bourgeois n'auront plus de bonne d'enfants, ils auront encore moins d'enfants. Or, Fourier s'est posé la question cent ans avant qu'elle se fût posée en fait et a émis des idées très originales sur la domesticité.

Si de la consommation nous passons à la production, nous trouvons ici aussi des idées encore plus paradoxales, mais peut-être trop, car elles sont restées pour la plupart à l'état d'utopies. C'est d'abord la production par séries, c'est-à-dire la production par groupes nombreux et avec un roulement continu des travailleurs pour les distraire et donner satisfaction à ce besoin de changement que Fourier appelait la papillonne. C'est dans le même ordre d'idées aussi, la question du « travail attrayant ». Fourier était hanté par cette idée que le travail, dans tous les temps et dans tous les pays, avait été considéré par le travailleur comme une malédiction, sentiment qui semble confirmer la vérité du mythe de la Genèse, du « travailchâtiment » infligé à l'homme pécheur. Mais Fourier n'accepte pas cette condamnation et s'applique à démontrer que si elle est vraie dans l'ordre économique actuel perverti, il en sera autrement dans le monde d'Harmonie. Le travail doit être joyeux, il peut le devenir, il le deviendra. Et il développe les modes d'organisation, trop souvent puérils, qui auront pour résultat de rendre le travail aussi passionnant que le sont devenus, pour la génération présente, tous les genres de sport.

Toujours dans l'ordre de la production, Fourier attribue une importance énorme à la production agricole et ne réserve qu'un minimum de place à la production industrielle; il y a chez lui une haine de « l'industrialisme » qui, à certains égards, peut être considérée comme une anticipation des doctrines de l'esthète anglais John Ruskin.

L'évolution économique n'a pas jusqu'à présent confirmé ses vues. Mais elle n'a peut-être pas dit son dernier mot. Et c'est précisément parce qu'à notre époque toutes les sociétés modernes semblent entraînées par une force irrésistible vers l'industrie, qu'il est intéressant de noter chez Fourier ce raidissement contre cette évolution. Il veut la remplacer par une évolution dans le sens agricole ou, pour mieux dire, arboricole et horticole, par la culture des fruits et le jardinage, car il n'a guère moins d'horreur pour l'agriculture telle qu'elle a été exercée au cours des siècles, c'est-à-dire le labourage, que pour l'industrie manufacturière. Apprendre à l'homme à cultiver son jardin est pour lui, comme pour le héros du conte philosophique de Voltaire, Candide, le dernier mot de la solution sociale.

En ce qui concerne la répartition, il y a aussi dans le système fouriériste des vues intéressantes et nous aurons à voir dans quelle mesure elles s'accordent ou non avec le programme de la coopération. Il admet la propriété, l'hérédité, le capital, l'intérêt — et même le profit que le programme coopératiste n'admet plus — et veut les consolider comme pivots de la société future.

Il admet l'inégalité des conditions sociales et la tient même pour désirable. Sur tous ces points, il n'est donc ni socialiste ni révolutionnaire. Seulement, il ne veut pas du salariat; il considère que c'est la plaie des sociétés modernes. Et il indique quels sont les moyens, d'après lui, d'abolir le salariat, en le remplaçant par un système de propriété co-associée entre le Capital, le Travail et le Talent, les bénéfices devant être répartis entre ces trois facteurs dans une proportion déterminée qu'il indique et qui n'est certes pas défavorable au capital. C'est le système qu'ont cherché à réaliser les associations coopératives de production, et on peut y voir même une anticipation de la loi française toute récente qu'on appelle « la société à participation ouvrière ».

En attendant l'abolition du salariat, Fourier cherche à l'améliorer par un système qu'il appelle le *garantisme* et qui correspond parfaitement à ce que nous appelons aujourd'hui les assurances sociales contre les risques de la vie.

Voilà les trois grands aspects du système fouriériste. Peut-être ceux d'entre vous qui sont familiarisés avec les catégories classiques de l'économie politique feront-ils la réflexion qu'il en manque une : celle dite circulation ou simplement commerce? Certes! mais c'est par la simple raison que Fourier le supprime. En effet, pas plus que dans l'intérieur d'une famille, le commerce ne peut exister dans l'intérieur d'un phalanstère puisqu'on y vit en commun. L'échange ne reste possible que d'une phalange à l'autre, donc sous forme d'échange international ou, du moins, intercommunal.

Il y aurait bien d'autres idées de Fourier qui vaudraient la peine d'être discutées : sur l'éducation, sur la morale, sur le pacifisme, sur la Société des Nations qu'il avait déjà entrevue en lui assignant déjà sa capitale — et qui ne semble pas si mal choisie, car elle a joué un grand rôle dans la grande guerre : Constantinople. Il était déjà très à la question. Mais ce sont là des sujets en dehors du cadre de notre enseignement.

Ce qui est curieux dans la méthode de Fourier c'est de voir comment, dans ces grands problèmes, il procède en partant des points de départ les plus humbles. On peut dire, et il le dit lui-même, que son observatoire ou son laboratoire, comme on voudra, c'est la cuisine. C'est de là qu'il part pour rayonner dans tous les domaines de la vie sociale. Et la forme souvent mesquine, parfois grossièrement matérialiste, souvent puérile comme des jouets d'enfants, sous laquelle il enferme ses visions de l'avenir, rappelle ces statuettes d'argile qu'on trouvait chez les anciens et qui, lorsqu'on les ouvrait ou qu'on les brisait, laissaient apercevoir sous leur vile enveloppe l'image éclatante de quelque divinité!

§ 4. Ce que fut l'homme et sa vie

Je ne puis terminer sans vous dire quelques mots de biographie, car il est difficile de s'intéresser à un homme, et surtout à un réformateur, si on ne connaît rien de lui que ses livres.

Mais l'histoire de sa vie sera courte, car autant le cerveau de Fourier a été rempli d'extravagances, autant son existence a été terne, modeste et dénuée de toute espèce d'événements romanesques : on n'y trouve pas la moindre petite aventure.

Né en 1772 à Besançon — la même ville où devaient naître quelques années plus tard, Victor Hugo et Proudhon — il avait donc déjà 17 ans quand il assista à la Révolution française. Il n'y prit aucune part et ne paraît même pas y avoir prêté grande attention. Sans doute n'a-t-il pas pensé que ce fût là un événement à comparer comme importance avec les visions qui hantaient son cerveau; dans ses livres il ne fait que rarement allusion à la Révolution.

Il gagna sa vie comme employé de commerce, voilà tout; non point employé dans de grands magasins, qui n'existaient pas encore, mais simple « sergent de boutique », disait-il de lui-même. L'aune à la main, il a, jusqu'à sa retraite, mesuré et taillé les « coupons » d'étoffes pour les clients. Il a passé à Lyon une grande partie de sa vie, puis à Rouen. Il n'avait pas, comme il le dit lui-même, beaucoup de temps pour lire, aussi son instruction fut-elle tout à fait sommaire. Il gagnait entre 1,000 et 1,500 francs par an, et quoique l'argent, il est vrai, eût alors une autre valeur qu'aujourd'hui, cependant on comprend qu'il ait vécu dans la condition la plus humble. Il eut toutefois la chance de faire un petit héritage qui lui permit d'aller prendre sa retraite à Paris, où il finit par trouver quelques disciples.

Il n'a jamais affecté les allures excentriques que pourraient donner à penser les étonnantes citations que je viens de vous lire; il ne s'est jamais fait une tête d'auteur romantique. C'était un petit employé parfaitement correct par sa tenue, toujours très bien brossé, portant la cravate blanche, et d'aspect le moins démoniaque que l'on puisse imaginer, parfaitement réglé dans ses habitudes, notant chaque jour le nombre de pages écrites, écrivant par exemple : « aujourd'hui jour de la Chandeleur, j'ai écrit les 20/36 de mon livre ».

Célibataire obstiné, menant une vie extrêmement régulière, il avait les goûts non pas précisément d'un vieux garçon, mais disons plutôt d'une vieille fille, passant ses moments de loisirs à s'occuper des fleurs, aimant beaucoup à regarder les militaires et à suivre les retraites avec musique, comme les bonnes d'enfants, d'ailleurs ayant horreur de la guerre. Il s'intéressait beaucoup aux enfants, quoique n'en ayant jamais eu, et leur a donné une très grande place dans ses écrits, mais il ne les aimait qu'à la condition qu'ils ne fissent pas de bruit et qu'on les envoyât se coucher de bonne heure.

Et ce contraste entre une vie aussi bourgeoise, aussi respectable, et une imagination aussi dévergondée, serait suffisant pour éveiller la curiosité et à donner le désir d'étudier de plus près ce bizarre génie.

CHAPITRE PREMIER

Le Phalanstère et le Ménage collectif

§ 1. Importance attribuée par Fourier à la Consommation

A la différence des économistes qui ne s'occupent que de la production et ne laissent à la consommation, dans leurs livres ou leurs cours, qu'une toute petite place, si tant est qu'ils ne la suppriment pas complètement, Fourier attachait une importance extrême à cette partie de l'Economie politique et c'est pourquoi nous le saluons comme un précurseur des sociétés coopératives de consommation.

L'importance qu'il a donnée à la consommation porte surtout sur l'alimentation.

Et encore n'est-ce pas à dire : il faudrait dire à la gourmandise! Il est vrai qu'il emploie pour la désigner un nom plus savant, la gastrosophie, ce qui veut dire si on traduit le mot grec : « la sagesse de l'estomac ».

La gastrosophie de Fourier pourrait être considérée comme une anticipation de l'importance extrême donnée de nos jours à l'hygiène alimentaire, laquelle est devenue, on le sait, une grande science qui régit les individus et les nations. Toutefois la gastrosophie de Fourier n'est pas tout à fait la même chose que l'hygiène telle qu'on l'entend aujourd'hui. La science de l'hygiène est une science sévère qui ne flatte nullement la gourmandise, qui ne s'occupe que de calories, qui a toujours la balance à la main pour savoir combien tel aliment contient de grammes de carbone, d'azote ou de phosphore pour la reconstitution des tissus, et qui inscrit les aliments sur un tableau par ordre de dignité lequel ne correspond nullement à celui qu'adopterait un Brillat-Savarin; un tableau dans lequel figurent au sommet de l'échelle, les vulgaires haricots, les lentilles, les pois secs et, au dernier rang, les mets qui flattent le plus les gourmets : les truffes, les huîtres et les vins fins.

Or, ce n'est pas en ce sens moderne et scientifique qu'il faut entendre la gastrosophie de Fourier. Fourier ne s'inquiète guère de l'hygiène alimentaire, d'ailleurs ignorée de son temps et, si même il l'avait connue, il aurait été le premier à formuler le dicton connu : où il y a de l'hygiène il n'y a pas de plaisir. Sa gastrosophie implique la satisfaction la plus complète donnée au sens du goût.

Aussi Fourier s'installe-t-il à la cuisine. Il en fait le Grand Quartier Général de son organisation phalanstérienne, le centre de son Harmonie.

Voilà, dira-t-on, un programme social qui manque un peu d'idéalisme! Si l'on a pu dire du socialisme marxiste qu'il réduisait la question sociale à la question du ventre, ne faudrait-il pas le dire à plus forte raison du fouriérisme?

En effet, Fourier le dit lui-même et il emploie une expression fort que je m'excuse de reproduire dans sa brutalité : « Si le peuple esclave est conduit par le fouet, le peuple libre est conduit par la gueule. » Cette façon de comprendre le gouvernement des peuples libres paraîtrait mieux à sa place dans la bouche d'un César que dans celle d'un socialiste.

Mais pour comprendre cette affirmation, il faut savoir que Fourier était en effet non pas précisément ce que l'on appelle un matérialiste, mais du moins un « immoraliste ». J'ai déjà cité de lui cette belle parole « tout ce qui se fait par contrainte est précaire et dénote un manque de génie », mais cette noble protestation ne vise pas seulement la contrainte matérielle, physique, gouvernementale, elle s'applique également à la contrainte morale. Fourier ne veut d'aucune contrainte, sous aucune forme, ni physique, ni morale non plus. Il a horreur des moralistes qui veulent réprimer les instincts, les passions de l'homme. Lui, ne veut rien de cela; il veut prendre l'homme tel qu'il est, avec ce qu'on appelle, à tort, ses mauvais instincts, lesquels, d'après lui, ne sont pas de mauvais instincts mais les signes infaillibles de sa destinée. Chercher à limiter, à freiner les instincts et les passions de l'homme, c'est faire injure à Dieu qui l'a créé tel qu'il est; car s'il avait créé l'homme en le douant de passions et, en même temps, en lui interdisant de les satisfaire, Dieu n'aurait pas su ce qu'il faisait et sa création eût été une œuvre absurde.

Je n'ai pas besoin de vous faire remarquer combien le Dieu dont parle ainsi Fourier ressemble peu au Dieu chrétien, au Dieu de l'Evangile qui, au contraire, lui, par la voix du Christ et de ses apôtres, déclare qu'il faut tuer le vieil homme : c'est l'expression même de l'Evangile. Ce que l'Eglise appelle le péché originel c'est précisément l'instinct de l'homme naturel, et c'est celui-là que Fourier nous recommande de respecter dans son intégrité. Loin de lui l'idée de « convertir » l'homme, mais au contraire d'assurer un libre essor à ses passions. Si dans l'ordre économique actuel ces passions sont parfois malfaisantes, c'est parce qu'elles ne sont pas adaptées au milieu qui, lui, est artificiel, absurde — mais c'est le milieu et non l'homme qu'il faut changer. Vienne un jour ce qu'il appelle le milieu d'Harmonie, et alors les instincts et les passions de l'homme pourraient s'épanouir librement sans inconvénient pour personne.

En cela, on peut dire que Fourier procède directement de J.-J. Rousseau, qui, comme on sait, enseignait la bonté naturelle de l'homme vicié par la civilisation. Et si Fourier est le successeur direct de J.-J. Rousseau, il est aussi le précurseur de ce qu'on appelle les anarchistes qui, dans leur doctrine, ont soutenu exactement la même thèse : bonté naturelle de l'homme, légitimité de ses instincts, et nécessité de trouver un ordre social qui s'en accommode, qui les intensifie même, au lieu de chercher à les discipliner et à les mater.

Or, parmi ces instincts de l'homme, auxquels Fourier

veut laisser libre cours, il y a d'abord les cinq sens, qu'il qualifie de passions — ce qui, comme classification psychologique, laisse un peu à désirer — et parmi ces cinq sens, ou passions, il y en a un qui, dit-il, est injustement négligé par rapport aux autres : c'est précisément celui du goût. Qu'on compare tout ce que l'homme a fait pour cultiver le sens de la vue par les arts plastiques, ou le sens de l'ouïe par la musique, et combien il a peu fait pour cultiver et développer le sens du goût! Il y a là une incroyable lacune, et c'est pourquoi ce sens sacrifié est celui qui va servir de directive à tout son monde phalanstérien, c'est pour lui le plus important des cinq sens. Aussi faut-il le cultiver dès le début chez les enfants. La gourmandise qui est le péché mignon des enfants et qui leur attire tant de réprimandes et les fait mettre si cruellement au pain sec, eh bien! c'est au contraire la Providence qui dans sa sagesse en a doté les petits enfants afin de marquer par là l'importance de ce sens pour l'établissement de la société future.

Si les enfants, comme le savent toutes les mères de famille et toutes les bonnes, aiment à passer tout leur temps à la cuisine, il faut les laisser faire. Ils y apprendront peut-être plus de choses qu'ils n'en apprennent à l'école, car nulle part ailleurs ils ne pourraient trouver un milieu plus propre à développer en eux les cinq sens, en même temps que l'apprentissage de mille petits métiers manuels, ne fût-ce qu'écosser les pois ou tourner la broche.

Tout en souriant de telles excentricités, néanmoins on peut voir là une idée assez judicieuse : celle de l'utilité qu'il y aurait, en effet, à mieux cultiver le sens du goût; je ne dis pas le cultiver uniquement au point de vue de la cuisine, car à cet égard la France a toujours tenu le premier rang, mais au point de vue d'une consommation vraiment économique. Il est certain que si les consommateurs étaient mieux éclairés par l'hygiène telle qu'on l'entend aujourd'hui, ou même par la gastrosophie de Fourier, ils pourraient mieux utiliser les richesses dont une grande part est stupidement gaspillée, mieux se défendre contre l'exploitation des marchands et des producteurs sous forme de falsifications des denrées. Apprendre à distinguer la bonne qualité des marchandises de la mauvaise qualité, ce serait là un progrès assurément non négligeable et qui ne pourra être réalisé que grâce à une éducation rationnelle du consommateur.

On peut donc dire que même dans ces lubies il y a des vues assez intéressantes, mais ce que je retiens surtout c'est, je le répète, l'importance donnée à la consommation, sa réhabilitation, si je puis dire. Il n'était pas inutile de l'affirmer, car ce n'est pas une discussion tout à fait oiseuse que celle de la dignité respective de l'acte de production et de celui de consommation.

Généralement les économistes et plus encore les socialites, à toutes les époques, ont maintenu que la production était, tant au point de vue moral qu'au point de vue économique, un acte infiniment supérieur à l'acte de consommation. Voici, par exemple, comment s'exprimait au siècle dernier un Anglais qui était pourtant lui-même un grand coopérateur, Ludlow : « Si le grand mouvement social et démocratique de notre époque a une signification et une valeur quelconques, c'est pour autant qu'il élève l'homme à sa véritable dignité qui est d'être producteur et subordonne entièrement la consommation à la production. La consommation est originellement l'élément animal, la production est l'élément divin; l'homme partage le premier avec les êtres les plus inférieurs et celui-ci au contraire avec le Créateur. La consommation, alors même qu'elle est au service du but le plus élevé, est en soi un acte égoïste, puisque l'homme, par cet acte, s'incorpore une chose. La production, quand même elle poursuivrait le but le plus égoïste, est en soi absolument désintéressée, car celui qui produit et travaille, produit et travaille nécessairement pour autrui. »

Voilà ce qu'on appelle en rhétorique un beau parallèle, dans lequel vous voyez la consommation tout à fait sacrifiée à la production.

Eh bien, nous protestons! nous n'admettons pas que la consommation soit inférieure à la production, ni au point de vue économique, ni même au point de vue moral. Ni au point de vue économique puisque c'est la consommation, ou la demande, qui seule confère toute valeur au produit, tandis que le travail ne fait que fournir la matière et la forme. Ni au point de vue moral, car s'il est vrai que sous le régime de la division du travail quiconque travaille produit nécessairement pour autrui, c'est jouer sur les mots que d'en conclure que le producteur est inspiré par un but philanthropique et que, lorsqu'il travaille, il pense réellement à servir autrui; que le restaurateur se donne pour mission de rassasier ceux qui ont faim! le chauffeur de taxis de porter ceux qui sont fatigués! le tailleur d'habiller ceux qui sont nus! Nous savons que la production a pour mobile le profit, et par conséquent la production est un acte intéressé dans ses intentions et dans son mobile. Quant aux conséquences altruistes qu'il peut comporter, celles-ci sont indépendantes de la volonté de l'auteur.

D'autre part, si la consommation peut être qualifiée d'égoïste en ce sens que nécessairement ce que l'on consomme est pour soi-même et non pour autrui, tout de même la consommation n'est pas généralement un acte solitaire; l'homme n'éprouve guère plus de plaisir à consommer seul qu'à jouer seul. S'il peut arriver qu'un paysan aille s'enivrer seul à sa cave, qu'un bourgeois se régale seul au restaurant, généralement tout acte de consommation implique au contraire une idée de convivialité. Fourier dit quelque part que « la gourmandise est source de sagesse, de lumière et d'accords sociaux ». En effet, l'acte de consommation implique presque nécessairement des accords sociaux, invitations, réceptions. Quand un Anglais, fût-il au bout du monde, voit revenir le jour de Noël sous quel aspect se présente cette fête pieuse, sinon sous la vision du pudding national, de la dinde de famille et de l'arbre de Noël? Est-ce là une vision égoïste?

La preuve que la consommation est un acte qui en

soi n'a rien d'égoïste c'est que toutes les fois que des hommes, ligueurs, diplomates, producteurs, se sont disputés pendant plusieurs jours dans des Congrès ou autour de la Société des Nations, ils ne trouvent rien de mieux pour affirmer leur fraternité que de terminer par un banquet! Le banquet ce n'est pas seulement l'acte de consommation qui de tout temps a affirmé la communion entre les individus, mais aussi, dans la plupart des religions et notamment dans la religion chrétienne, le symbole de la communion de l'homme avec son Dieu : la sainte Cène. Chez les peuples les plus barbares, le signe de l'hospitalité est d'offrir le pain ou le sel et par cet acte de consommation la personne de l'hôte devient sacrée.

On pourrait ainsi faire toute l'histoire de la consommation en montrant combien elle est altruiste — beaucoup plus que l'œuvre de production laquelle au contraire divise les hommes en créant entre eux la concurrence qui est une des formes de la guerre.

Bastiat a dit : « Si l'humanité se perfectionne, ce n'est pas par la moralisation du producteur, mais par celle du consommateur. »

La consommation, d'ailleurs, ne se présente pas uniquement sous la forme d'alimentation, de gourmandise, comme dit Fourier. C'est la prendre dans un sens beaucoup trop étroit. Il y a d'autres formes de la consommation : la toilette par exemple. Pensez-vous que ce soit un acte uniquement égoïste? Demandez à n'importe quelle femme, quand elle « se fait belle », si elle le fait pour elle seule. Elle en serait bien fâchée!

Voilà pourquoi, tout en éprouvant quelque répugnance pour la façon un peu grossière dont Fourier réhabilite la consommation, toutefois, nous lui saurons gré d'avoir mis, pour ainsi dire au seuil de sa reconstitution sociale, l'organisation de la consommation.

§ 2. Organisation du phalanstère

Reste à savoir maintenant comment il organise cette consommation. Naturellement, il cherche à l'organiser de la façon qui donnera le plus de satisfaction à son goût pour la bonne chère, mais aussi de la façon la plus économique : c'est par la consommation collective, par l'association. Et si le moyen indiqué ne nous paraît pas aujourd'hui bien original, ni constituer une trouvaille, c'est précisément parce qu'il s'est réalisé et beaucoup généralisé, mais au moment où Fourier y a si fortement insisté, le moyen n'était pas encore banal.

Fourier fait remarquer combien la consommation telle qu'elle est organisée dans toutes les sociétés, c'est-à-dire par ménages séparés, est dispendieuse et cause de gaspillage. Fourier ne tarit pas sur ce chapitre : « on est ébahi, dit-il, de voir le bénéfice qui résulterait de grandes associations de consommation. Pour ne parler que de combustible, devenu si rare et si précieux (déjà de son temps !) n'est-il pas certain que dans les emplois de cuisine et de chauffage, l'association épargnerait les 7/8 du bois que consomme le système actuel, le mode incohérent et morcelé qui règne dans nos ménages ? »

Ce n'est pas seulement l'exemple du gaspillage en charbon qu'il cite, mais aussi du gaspillage en temps perdu dans les achats, par la ménagère qui va chez son fournisseur ou, si c'est un ménage bourgeois, par la domestique qu'il y envoie. Que l'on compte le nombre de millions d'heures employées aux achats quotidiens, temps gâché en allées et venues, surtout par les paysans qui se rendent chacun une fois par semaine du village au marché de la ville et perdent toute une journée, chacun avec sa petite voiture et son cheval, en attendant d'y aller en auto ! Tout cela représente une somme effrayante de temps et de travail perdu.

Nous savons tous, on le savait avant Fourier, combien le ménage en commun, tel qu'il est pratiqué dans les casernes, les pensionnats, les lycées, les hôpitaux, les couvents, les fermes rurales, diminue le coût de la vie. On a souvent fait le compte à combien revient la nourriture d'un homme dans un ménage collectif comme ceux que je viens de citer : l'économie est de moitié ou des deux tiers et il le démontre par une abondance de chiffres, économie de travail, d'aliments, de combustible, etc. Son esprit méticuleux se délecte dans ces comptes de ménage.

Fourier dit qu'en organisant la consommation sous forme collective, l'économie totale serait des 7/10; c'est peut-être beaucoup dire, mais le fait est incontestable.

Cette association qui doit réaliser la consommation en commun, il l'appelle : l'Association Domestique Agricole; « domestique » en prenant ce mot dans le sens étymologique, c'est-à-dire la maison, le ménage. Mais, pour donner à cette association un nom qui fit plus d'impression, il l'a appelée la Phalange, souvenir de la phalange macédonienne mais sans doute destinée à marcher contre « la civilisation ». Fourier avait ainsi tout un vocabulaire extraordinaire qui n'a pas peu contribué à propager sa doctrine mais, en même temps, à épouvanter le public par une fantasmagorie diabolique. En réalité la phalange, si elle eût été réalisée, eût été tout simplement une association coopérative de production et de consommation.

Combien faudra-t-il de membres pour constituer cette association ? S'il y a une science de l'association, il doit y avoir un nombre particulièrement adapté au but qu'on se propose d'atteindre, un chiffre optimum, comme on dit : — ni trop petit, car alors l'économie visée ne serait pas réalisée; — ni trop grand, parce que, à trop s'étendre, on s'expose aux inconvénients de toutes les grandes agglomérations, gaspillage, coulage, impossibilité de surveillance, causes de pertes grandissantes lesquelles finiraient par annuler les causes d'économie. On sait qu'en matière de production, s'il y a tout intérêt à créer des entreprises considérables, il y a tout de même un certain point qu'il ne faut pas dépasser. C'est un fait souvent remarqué, par exemple pour les Grands Magasins et même pour les sociétés coopératives. Or, ce qui est vrai de la production collective doit l'être également de la consommation en commun.

Alors quel chiffre ? Nous serions bien embarrassés pour le fixer, car nous n'avons pas de procédé scientifique pour résoudre mathématiquement le problème de l'optimum social, mais Fourier n'a pas d'hésitations et va nous le fixer sans tâtonner; c'est le chiffre de 1.620 personnes — tout en admettant cependant une certaine élasticité numérique, avec un minimum de 400 et un maximum de 2.000, mais le chiffre optimum est bien 1.620. Pourquoi ? Ici, la folie de Fourier va apparaître sous le jour le plus divertissant : c'est, dit-il parce qu'il importe de réunir dans chaque phalange des personnes ayant les caractères les plus variés; parce que c'est précisément cette diversité de caractères qui amènera l'harmonie : en effet, dit-il, les gens ayant même caractère sont beaucoup plus sujets à se disputer que ceux de tempéraments différents. Diversité non seulement comme humeurs, mais aussi comme situation sociale, fortune, âge, connaissances théoriques et pratiques. Plus étendue sera la gamme des facultés et passions des sociétaires, plus il sera facile de les harmoniser. Soit! mais tout cela ne dit pas pourquoi ce chiffre de 1.620 ? — C'est parce que Fourier assure qu'il y a dans l'espèce humaine 810 caractères ou types différents, étant donné le nombre des passions et des combinaisons diverses auxquelles elles peuvent donner lieu. Pour que la phalange soit au complet, il faut donc exactement 810 membres; mais pour parer au risque de manquants, il faut que chaque sociétaire soit doublé d'un remplaçant — ce qui fait exactement les 1.620 requis pour constituer ce que j'appellerai l'orchestre, pour donner le concert, au sens propre comme au sens figuré du mot, pour faire régner la bonne harmonie dans la phalange.

Pour recruter la population du phalanstère, il recommande les règles que voici : 1° préférer les familles ayant peu d'enfants; 2° introduire 1/3 de célibataires; 3° rechercher les caractères attitrés de bizarreries; 4° établir l'échelle graduée en âge, fortunes.

Préférer les familles ayant peu d'enfants ! On voit que Fourier avait la mentalité d'un concierge parisien, ou plutôt celle du propriétaire qui donne au concierge cette consigne abominable.

Ces 1.600 personnes représenteraient à peu près 400 familles, je dis à peu près parce qu'il n'y aura pas rien que des familles, il y aura beaucoup de célibataires. Vous pensez bien que Fourier, qui est resté toute sa vie un célibataire impénitent, n'était pas disposé à les exclure de sa phalange; il en compte 1/3, ce qui est vraiment beaucoup — tout au moins pour la paix des ménages de la communauté.

Maintenant, il s'agit de caser, de loger et d'héberger toute cette colonie. Le bâtiment où sera installée cette association domestique, il l'appelle le phalanstère, nom devenu célèbre et même qui, pour le plus grand nombre de gens, est le seul mot qu'ils connaissent de la doctrine de Fourier. Mais ce nom, peut-être parce qu'il rime richement avec monastère, a évoqué à tort l'idée d'une colonie communiste.

Le phalanstère comprendra un domaine d'une grosse lieue carrée, ce qui correspond à 2.000 hectares. Pour 1.600 personnes, cela fait un peu moins d'une personne par hectare, soit à peu près la densité de la population française qui contient en effet un peu moins de 40 millions d'habitants pour 55 millions d'hectares (72 habitants au kilomètre carré). Fourier, qui s'occupe avec tant de sollicitude du sens du goût, n'est pas indifférent pour les autres sens, et notamment pour le sens esthétique. Aussi veut-il un beau site pour le phalanstère : « un pays plat, dit-il, serait tout à fait inconvenant; il faut rechercher un pays coupé comme les environs de Lausanne, ou tout au moins une belle vallée pourvue d'un courant d'eau ou de forêts, comme la vallée de Bruxelles ». Il recommande aussi un beau site « près de Paris, situé entre Poissy et Conflans, arrosé d'une rivière, coupé de bois et de forêts ».

Fourier ne tarit pas en détails sur l'aménagement du phalanstère et de son palais social; c'est une sorte d'anticipation de ce qui se réalisera 80 ans plus tard sous le nom si moderne de Cité-Jardin. Il dit qu'il faut quelque chose de tout différent des villages actuels, « de ce chaos de maisonnées qui rivalisent de saleté ». Le centre du Palais social sera affecté aux salons de repos, bibliothèques, salles d'études, salons de correspondance. Une tour le couronnera, où sera l'observatoire. Dans les ailes, et à distance suffisante pour ne pas troubler les habitants, seront les ateliers bruyants, et aussi les salles de jeu pour enfants qui font du bruit. Une salle spéciale, appelée caravansérail, sera aménagée pour recevoir les hôtes de passage.

De ce palais, dit Fourier, le Palais-Royal peut donner une idée imparfaite; il y aura des galeries non seulement au rez-de-chaussée, mais à chaque étage pour pouvoir circuler d'un appartement à l'autre. On n'a jamais songé en civilisation, dit-il, à perfectionner cette enveloppe que l'on nomme atmosphère et avec laquelle nous sommes en contact permanent; ce sera réalisé dans le phalanstère par le fait que les cours et les passages seront vitrés et chauffés pendant l'hiver, de sorte que l'on pourra vaquer à toutes les occupations sans changer d'atmosphère. La table, naturellement, n'est pas oubliée; vous pensez bien, d'après ce que je vous ai dit de Fourier, que ce sera le point important. On ne mangera pas à la gamelle, tant s'en faut ! Il n'y aura pas moins de 7 tables avec menus différents, dont 5 de prix gradués selon les ressources des sociétaires, et en outre, une pour les enfants et une pour les étrangers. Mais même les menus des tables de 5ᵉ classe surpasseront en délicatesse ceux qui font à l'heure actuelle les délices de nos gastronomes. Sur la carte figureront 30 à 40 plats renouvelés chaque jour, entre lesquels chacun pourra choisir selon ses goûts — comme c'est d'ailleurs le cas, à une moindre échelle, dans tous les restaurants et même dans les « bouillons ».

Cette esquisse du phalanstère suffit pour éviter l'erreur si répandue de croire que Fourier était un communiste ! Si vous voulez vous faire une idée, sinon exacte du moins la plus rapprochée, de ce qu'aurait été le phalanstère, s'il avait été réalisé suivant les vues de Fourier, il suffit d'aller passer quelques jours dans un de ces Palaces Hôtels, tels qu'on en trouve dans toutes les grandes stations de touristes, immenses établissements avec des centaines de chambres et même des appartements, à divers prix, avec petites tables dans de vastes salles à manger, mais avec faculté de se faire servir dans son appartement — et nul autre communisme que l'installation de certains services communs, tels que salles de lecture, de concert, de théâtre, de jeux, et, au dehors, tennis ou golf.

Entre le Palace Hôtel et le Palais Social de Fourier, il y a cependant cette différence essentielle que le premier ne reçoit que des gens, je ne dirai pas de fortune égale, mais enfin à peu près dans la même situation sociale — et c'est pourquoi, il y a des hôtels de classes différentes que l'on voit indiqués dans tous les guides. Mais dans chacun de ces hôtels c'est à peu près le même prix pour tous, la même table, le même service. A chaque voyageur de choisir l'hôtel approprié à sa bourse ou à ses goûts. Tandis que l'idée essentielle, pivotale, selon l'expression chère à Fourier, du phalanstère, c'est la réunion de toutes les catégories sociales, gens très riches et gens très pauvres ensemble. Et c'est pour cela qu'il avait dû prévoir le système de plusieurs tables de classes différentes, comme à bord des paquebots.

§ 3. Le service domestique.

Cette question n'intéresse pas les étudiants et n'intéresse pas non plus les ouvriers. Mais elle s'impose aux préoccupations de la classe moyenne. Dans le *Petit Parisien* j'ai vu ce matin toute une colonne sous ce titre : « La crise des domestiques persiste en s'aggravant ». Or, il se trouve que déjà elle préoccupait Fourier. Fourier, j'ai déjà eu l'occasion de le dire, n'avait pas de préoccupations spécialement ouvrières; c'était un petit bourgeois, il pense toujours à la vie bourgeoise dans son phalanstère; et il est remarquable que, déjà il y a un siècle, alors que la crise des domestiques n'existait pas encore, il l'ait anticipée.

Avoir des domestiques c'est un fait très intéressant sociologiquement parce qu'on peut dire que c'est le critérium qui sépare les deux classes : le bourgeois et le prolétaire. A quoi reconnaît-on un « bourgeois », mot d'origine française qui a fait le tour du monde jusque dans la Russie bolcheviste?

Ce n'est pas au vêtement, car tous les ouvriers portent le costume bourgeois, et les femmes ouvrières parfois des bas de soie. Ce n'est pas à l'instruction, car on peut dire qu'il y a nombre d'ouvriers aussi instruits ou plus que des bourgeois. Mais le critérium c'est que la famille bourgeoise (je ne parle pas du célibataire qui vit à la pension ou au cercle) a au moins une domestique; quand il n'y en a pas et que c'est la femme qui fait le ménage, alors c'est la famille ouvrière. Aussi dès que le ménage ouvrier arrive à une certaine aisance, aussitôt la femme demande à son mari de lui payer une domestique. Voilà donc la domesticité signe de classe. Mais ce qui fait la crise actuelle c'est qu'il devient de plus en plus difficile aux ménages modestes de trouver des domestiques. La domesticité sous sa forme première qui était l'esclavage, et plus tard sous la forme féodale, a occupé autrefois une grande partie de la population. Les patriciens romains avaient des milliers d'esclaves à leur service et, pendant tout le moyen âge et même jusqu'à la Révolution de 89, les gens riches avaient des douzaines et parfois des centaines de domestiques. La Duchesse de Choiseul écrit dans ses mémoires qu'elle n'a plus que 300 domestiques, elle en avait 500 auparavant; ce n'est qu'un exemple entre cent mille. Dans les pays qui ont conservé dans une large mesure les mœurs aristocratiques, tout le personnel domestique est encore nombreux; en Angleterre, par exemple, de grandes familles anglaises, tout au moins jusqu'à la guerre — car la situation a bien changé depuis lors — avaient, sinon des centaines, du moins une vingtaine de domestiques. Tel est encore le cas dans les colonies, où l'Européen ne peut tenir son rang s'il n'a pas une douzaine de boys jaunes ou noirs dans sa maison.

Mais si nous prenons l'ensemble de la population domestique telle qu'elle nous est indiquée par les statistiques des recensements, nous voyons des chiffres très caractéristiques; en voici quelques-uns.

Sans remonter très loin, parce que les statistiques feraient défaut, en 1881, il n'y a que 40 ans, il y avait en France 1.156.000 domestiques, un peu plus d'un million par conséquent, sur lesquels 344.000 hommes et 812.000 femmes; cela représente un peu plus de 3% de la population (3,1 %).

En 1911, à la veille de la guerre, le nombre des domestiques était tombé à 714.000, c'est-à-dire moins de 2 % (1,8 %) de la population : vous voyez que dans 30 ans, le pourcentage des domestiques est tombé de près de moitié. La diminution apparaît encore mieux si nous décomposons en sexes; les hommes sont tombés de 344.000 à 77.000, diminution de plus des trois quarts (78 %); pour les femmes la diminution est un peu moindre, de 812.000 à 637.000, soit une diminution de 22 %. Mais tandis qu'en France le chiffre de 1911 était de 18 p. 1.000 de la population comme je viens de le dire, en Angleterre il était de 46 p. 1.000, vous voyez la grande différence entre les deux pays.

Quelles sont les raisons de cette diminution du nombre des domestiques? C'est parce que les causes qui poussaient autrefois un grand nombre d'hommes et de femmes à rechercher cette forme de travail, la domesticité, ont l'une après l'autre disparu et ont été remplacées par des forces adverses. Enumérons-les rapidement :

1° Autrefois il n'y avait pas moyen pour une femme de gagner sa vie; il n'y avait presque aucun métier qui lui fût accessible et dans les rares métiers de l'industrie, elles étaient payées à des prix dérisoires. Elles cherchaient donc naturellement ce débouché qui s'ouvrait à elles : le service domestique. Les filles de la campagne notamment qui n'avaient en perspective que de travailler à la terre d'un travail très dur et très pénible étaient naturellement séduites par cette perspective d'aller dans la grande ville, dans une maison bourgeoise où il y aurait peu à faire.

Mais cette force d'attraction diminue chaque jour au fur et à mesure que s'offrent un plus grand nombre de métiers féminins; vous savez combien, depuis la guerre, se sont ouvertes pour elles de voies nouvelles; tous les métiers masculins presque sont devenus accessibles aux femmes et en même temps, les salaires des femmes ont énormément monté.

Ce que peuvent gagner les femmes, soit à l'usine, soit dans d'autres métiers, comme dactylos, par exemple, est beaucoup plus tentant pour elles que le service domestique. Il est vrai qu'en vertu de la loi de nivellement, les salaires des domestiques se sont élevés parallèlement et ont triplé.

Mais voici une seconde cause, c'est le sentiment démocratique de l'égalité et de l'indépendance. Autrefois, un homme n'avait aucune espèce d'humiliation à être le serviteur et même le valet d'autrui, et ce mot de valet qui a pris dans notre langue un sens méprisant, était un titre honorable dans le Moyen Age quand on écrivait « varlet » et quand on était au service d'un noble. Et même dans les temps plus récents de Louis XIV, c'était un titre honorifique d'être « de la maison » d'un grand, de porter sa livrée, comme on disait « ses couleurs », ses armes. Aujourd'hui l'homme se cabre contre l'idée d'être au service d'un maître, passe encore s'il ne s'agit que d'un service industriel mais non d'un service personnel.

Un homme veut être libre de son temps, tout au moins en dehors de son métier professionnel, mais la vie d'un domestique, homme ou femme, qui est aux ordres du maître dès qu'il se lève — et il doit se lever matin — jusqu'à ce qu'il se couche — et il se couche tard dans les maisons où l'on reçoit — sans avoir un moment de liberté, sans pouvoir vivre pour soi, ne fut-ce que quelques heures, cela paraît, non sans raison, une vie odieuse. Si ce sentiment n'existait pas autrefois, c'est parce que le domestique se considérait comme vivant de la vie de ses maîtres, comme étant de la famille, partageant ses joies et ses peines, tels ces domestiques qui ont servi de types aux héros des romans de Walter Scott ou de Dickens. Il aurait bien peu compris, ou aurait été bien fâché, si on lui avait dit qu'il devait vivre sa propre vie (1).

Une troisième cause est le fait que le service domestique devient plus pénible, et pourquoi devient-il plus pénible? Précisément parce qu'il y a moins de domestiques. Dans les maisons d'autrefois, avec un nombreux personnel, il n'y avait pas grand'chose à faire; c'était une vie de parasite, tandis qu'aujourd'hui où il n'y en a plus que deux ou trois, ou même un seul, la bonne à tout faire, comme on dit, le métier est devenu vraiment pénible; non pas 8, mais 17 à 18 heures par jour! Ajoutez à cela la nourriture souvent parcimonieuse et faite des restes de la table des maîtres, la misérable chambre au sixième où l'on grille l'été, où l'on gèle l'hiver, la difficulté de vaquer aux soins personnels de toilette. Autrefois ces préoccupations n'existaient pas. Les domestiques — qui ne veulent plus porter ce nom, mais celui d'employés — ont dressé tout un programme de revendications : un jour de liberté par

---

(1) Il s'est constitué un Syndicat des domestiques qui a pris le nom de *Union des Gens de Maison* et qui a pour organe un journal portant le titre ironique de *l'Escalier de Service*. Dans un récent Congrès, il vient de formuler ses revendications que voici :

1° *Le repos hebdomadaire*, qui est déjà appliqué dans la plus grande partie des pays scandinaves;

2° *Quinze jours de vacances payés avec nourriture*, vacances bien méritées par une année de dur labeur;

3° *Une meilleure réglementation du travail;* sait-on que la plupart des domestiques sont debout à 6 heures et qu'ils doivent attendre parfois jusqu'à 2 heures du matin, notamment dans les hôtels;

4° *La juridiction des Conseils de Prud'hommes;* les différends entre domestiques et patrons sont réglés, en effet, par le juge de paix;

5° Et *l'éligibilité au Conseil municipal*, car, si étonnant que cela puisse paraître, la loi électorale (de 1883) les exclut formellement, ainsi que les militaires.

semaine, toutes leurs soirées libres, la faculté de recevoir des visites de leurs amis ou de leurs relations, parfois le droit d'user de la salle de bains ou du piano, toutes ces réclamations qui nous paraissent absurdes, qui font rire et qui pourtant, si on les regarde de près, sont en somme très raisonnables. Elles seront certainement réalisées un jour ou l'autre.

La domesticité est un état sociologique plutôt malsain pour tous, pour le domestique et pour le maître aussi. D'abord incompatible avec la famille, avec la natalité. Dans un pays où l'on se plaint de la dépopulation, on ne peut ignorer que chaque personne qui entre en service n'aura plus d'enfants pour la natalité; ou ce qui est pire, c'est qu'en livrant la jeune fille à la promiscuité des sixièmes étages ou à la lubricité de leurs maîtres, la domesticité est responsable de nombreux cas d'avortements et d'infanticides. Elle ne vaut guère mieux moralement pour les hommes; il y a longtemps que les vices inhérents à la domesticité ont fourni matière à d'innombrables comédies; les Lisette et les Frontin n'ont été que l'expression de la réalité. Comment les domestiques pourraient-ils ne pas être contaminés, non seulement par leurs vices réciproques, mais encore par le spectacle de l'immoralité de ces familles bourgeoises qu'ils sont seuls à bien connaître, et qui exercent sur eux les suggestions de l'exemple? La domesticité n'est pas meilleure pour les maîtres; il suffit de penser aux enfants qui passent leur temps à la cuisine ou avec la bonne, quels exemples ils reçoivent, quelles histoires on leur raconte, quels livres ou images on leur montre.

A ce mal social quelles solutions?

Une première solution à laquelle je ne m'arrêterai pas car ce n'est pas une solution mais un correctif qui, loin d'en atténuer les vices, les aggrave plutôt, c'est l'emploi de domestiques étrangers ou indigènes. En effet, à l'étranger, en certains pays, et particulièrement dans les pays exotiques, les sentiments que j'indiquais tout à l'heure, l'esprit d'indépendance, n'existent pas au même degré. Avant la guerre, on faisait un fréquent emploi de bonnes allemandes (d'ailleurs très injustement calomniées dans un roman qui a fait beaucoup de bruit), très souvent aussi les italiennes comme nourrices. Depuis la guerre ce recrutement a été un peu arrêté, mais on a recours aux indigènes. Une œuvre spéciale a été créée pour faire venir des femmes de chambre de la Guadeloupe et de la Martinique et elle a assez bien réussi. S'il n'est pas sûr que les noirs fassent d'excellents domestiques, les Annamites sont justement réputés par leur goût, pour la grâce et l'élégance de leurs manières, la facilité avec laquelle ils apprennent toutes choses.

Une solution plus radicale ce serait d'abolir la domesticité. On pourrait s'en passer plus facilement qu'on ne croit et sans trop en souffrir.

Il vient de paraître un livre anglais sous ce titre assez suggestif : « La vie heureuse; la vie sans domestiques ». Je connais personnellement des professeurs dans l'enseignement supérieur qui, depuis la guerre, n'ont pas de domestiques; c'est le mari qui va faire le marché le matin, c'est la femme ou la jeune fille qui fait la cuisine et, néanmoins, ils ne craignent pas de recevoir des amis à leur table. Mais, néanmoins, le professeur pourrait mieux employer son temps, dans l'intérêt social, que d'aller passer tous les matins une heure ou deux au marché. De même aussi une mère de famille qui a de nombreux enfants pourrait employer plus utilement son temps qu'à faire la cuisine. Disons même, ce qui est beaucoup plus grave, que si les jeunes ménages doivent renoncer à avoir des domestiques, ils trouveront là un puissant motif, à ajouter à bien d'autres, pour ne point avoir d'enfants!

Supprimer le service domestique est donc une solution trop simpliste; mieux vaut chercher les moyens de l'améliorer.

On pourrait trouver une semi solution au problème de la domesticité dans ce que j'appellerai *l'industrialisation des services domestiques*. Cette industrialisation peut se réaliser sous deux formes différentes.

La première c'est ce que l'on pourrait appeler l'émigration des services domestiques; quand, au lieu d'être faite à domicile, la tâche est remise à des personnes du dehors, à des professionnels. Ce ne serait là qu'une continuation d'une évolution qui remonte au plus lointain passé. Combien de services domestiques n'avons-nous pas vu se détacher du foyer pour se transformer en services industriels? Le blanchissage, on ne blanchit plus à la maison; de même la pâtisserie, les confitures, la charcuterie, qui autrefois se faisaient à la maison, c'était une des joies de mon enfance que d'y assister. Il y a bien d'autres services domestiques qui passeront aux mains de professionnels ou même d'entreprises industrielles : le brossage et cirage des parquets; le nettoyage par « le vide »; on voit souvent ces appareils fonctionner dans les rues de Paris.

Le second mode d'industrialiser le service domestique c'est, sans même recourir à des fournisseurs du dehors, d'employer ces innombrables et ingénieux appareils qui exécutent presque automatiquement tous les services, blanchissage, éclairage, chauffage, préparation des aliments, chauffage des bains, lavage de la vaisselle.

Il y a aujourd'hui des Expositions annuelles d'appareils de ménage qui auraient fait la joie de Fourier.

Mais lui-même alors quelle solution proposait-il? C'est de remplacer le service personnel par le service collectif. Et c'est la conséquence nécessaire de tout son système que nous venons d'exposer, la substitution du ménage collectif au ménage individuel. Cela ne supprime pas la domesticité — il y a un nombreux personnel domestique dans les hôtels — mais cela lui donne un caractère impersonnel qui la rend beaucoup plus facilement acceptable, même pour les caractères indépendants. En Amérique, bon nombre d'étudiants s'engagent comme servants dans les hôtels, pendant les mois de vacances, pour gagner leur vie, qui ne consentiraient pas à accepter une place de valet de chambre. Voici ce que dit Fourier :

« Aucun sociétaire dans l'Harmonie (le Phalanstère) n'exerce la domesticité individuelle; et pourtant le plus pauvre des hommes a continuellement une cinquantaine de pages à ses ordres... Dans une phalange le service domestique est géré, comme toute autre fonction, par des séries qui affectent un groupe à chaque variété de travaux... C'est servir Dieu que de servir la phalange collectivement... L'homme sans fortune voit une foule de serviteurs affectueux lui offrir leur ministère aussi bien qu'à un prince parce que *ce n'est jamais l'individu servi qui paie ceux qui le servent.* Un page serait congédié ignominieusement de la Série si on savait qu'il eut reçu quelques gratifications de ceux qu'il a servis. »

Ce dernier trait nous transporte évidemment dans un monde très différent de celui que nous connaissons et si cette anticipation de Fourier doit se réaliser, comme tant d'autres, ce ne sera pas pour demain.

Néanmoins, il faut admirer le sens vraiment humain de cette solution, par laquelle Fourier a voulu ennoblir la domesticité en la dépouillant de tout caractère mercenaire pour la transformer en service d'entr'aide mutuelle.

§ 4. Erreur psychologique de Fourier sur la vie en commun

Fourier a naturellement prévu l'objection que lui ont faite tous les critiques et qui est très fondée : c'est que dans le phalanstère la vie de famille sera supprimée. Or si la vie de table d'hôte peut être organisée plus économiquement, elle n'est cependant pas considérée par la plupart des hommes comme l'idéal de la vie heureuse. — Fourier répond que le père de famille, même celui qui trouve aujourd'hui le plus de plaisir à dîner avec sa femme et ses enfants, « quand il aura vu deux jours seulement les bâtiments d'Harmonie, voudra dîner avec le Comité cabalistique et renverra au bercail la femme et les enfants — qui, de leur côté, ne demanderont pas mieux que de s'affranchir du morne dîner de famille ».

Mais ce sont là des vues de vieux garçon et que l'expérience n'a pas confirmées, tout au contraire. L'idéal de Fourier c'est la ruche de l'abeille, mais l'idéal de l'homme ce n'est pas la ruche, c'est le nid ! avoir son nid et que chaque maison devienne un nid, c'est là une conception tout à fait différente de celle de Fourier.

L'économie n'est pas le but unique de la vie. Un but de plus haut prix pour l'homme c'est l'indépendance, et je dirai, même pour l'homme le plus sociable, la possibilité de s'isoler de ses semblables. L'homme a horreur d'une promiscuité perpétuelle et, même dans l'intérieur de sa famille, tout homme a besoin de cet isolement. Dans la classe bourgeoise, la dame a son petit salon, l'homme son bureau de travail, les enfants leur chambre de jeu. Et dans la classe ouvrière c'est une des plus tristes conditions de la vie que la nécessité où se trouve l'homme de ne pouvoir posséder une pièce pour se recueillir et s'isoler, et d'être obligé de vivre à toute heure pêle-mêle avec la femme et les enfants. C'est pourquoi il va au cabaret.

Fourier dirait sans doute que dans son phalanstère les insociables pourront se faire tout de même une vie à part, se tenir dans leur salon et se faire servir leur repas dans leur appartement — comme font aujourd'hui les riches dans les grands hôtels. Mais alors où sera l'harmonie ? Car si quelques-uns seulement font une vie à part, ces aristocrates seront très mal vus — et si tous le font, alors à quoi bon le phalanstère ?

L'homme est un animal sociable, mais ce n'est pas un animal grégaire qui aime à marcher en troupeau; peut-être que chez les Allemands ou les Russes le système de Fourier aurait mieux réussi, mais en France ou en Angleterre, non ! Je voudrais vous donner quelques preuves.

Depuis quelques années, dans tous les hôtels la table d'hôte a disparu et est remplacée par le système des petites tables; c'est-à-dire que les voyageurs ont été excédés de cette table commune où chacun, intercalé entre deux convives pendant tout le temps d'une villégiature, pendant plusieurs semaines, devait subir un voisinage qui devenait odieux. C'est pourquoi les hôteliers se sont fait une réclame d'offrir aux familles — ou même à ceux qui voyagent seuls — des tables séparées.

On peut citer d'autres exemples. Vous n'avez qu'à voir dans les wagons comment chacun cherche à être seul et s'efforce — par le cynique mensonge « toutes les places sont prises » — d'empêcher les survenants d'entrer! Ce désir de s'isoler est tout particulièrement marqué chez les bourgeois, car les classes populaires ont un peu plus le sentiment de la solidarité. Puisque je viens de parler de wagons, eh bien, vous pouvez faire l'expérience que dans un wagon de 3e classe, même s'il est complet, on est beaucoup mieux reçu et les gens se serrent beaucoup plus gracieusement que dans un wagon de 1re ou 2e classe. Et pourtant dans son phalanstère, Fourier déclarait nécessaire la présence de beaucoup de bourgeois !

Encore un exemple qui peut intéresser les étudiants : c'est la difficulté que l'on éprouve en France pour caser les étudiants comme pensionnaires, même à des prix élevés. A l'étranger toutes les maisons s'ouvrent; en France on a toutes les peines du monde à trouver une famille qui consente à recevoir des pensionnaires à sa table.

De ce côté donc, Fourier s'est complètement mépris sur les tendances de l'évolution psychologique des hommes, du moins dans son pays.

De même pour les cités-jardins : cette idée d'un grand bâtiment central, où tout se trouvait réuni, est abandonnée et remplacée par le système des habitations séparées, des cottages. Il n'est pas jusqu'aux hôpitaux où le vieux système d'un grand bâtiment, tel qu'on s'en faisait honneur dans les siècles précédents, n'ait été remplacé par celui des pavillons isolés. Le nouveau système est évidemment moins économique mais plus hygiénique, plus esthétique, plus confortable, et à tous ces points de vue, infiniment supérieur. Au point de vue de la salubrité, le système des agglomérations a fait son temps.

Mais il faut dire que du temps de Fourier on ne connaissait pas les bacilles : ils tuaient tout de même, mais on l'ignorait et c'était peut-être un privilège que de ne pas vivre avec ce cauchemar. Fourier n'avait pas ce souci, ce qui explique ces installations antihygiéniques de bâtiments avec cours vitrées, chauffées, dans lesquelles il semble que ce qui manquerait le plus, c'est ce qui serait le plus nécessaire : le grand air.

§ 5. Essais de réalisation du ménage collectif

Ceci dit, et tous ces démentis à la psychologie fouriériste constatés, n'empêche que les prévisions de Fourier en ce qui concerne l'évolution vers une espèce de régime phalanstérien, semblent destinées à se réaliser de plus en plus, mais nullement, comme le croyait Fourier, par suite de l'attrait qu'il exercerait sur les esprits et qui les ferait accourir comme à une fête : non ! simplement par suite des nécessités économiques qui forceront les hommes à chercher, bon gré mal gré, les modes de vie les plus économiques.

Voici notamment les transformations économiques qui sont de nature à déterminer cette marche vers le système phalanstérien.

Il y a d'abord la question du logement qui va devenir de plus en plus difficile. Déjà avant guerre c'était une grosse question pour un ménage que la difficulté de se loger et maintenant, depuis la guerre, cette difficulté a pris des proportions effrayantes. Je veux bien croire qu'il y a là une crise qui s'atténuera d'ici à quelques années, mais même lorsqu'on aura construit un nombre suffisant de maisons, il ne faut pas se faire d'illusions : la dépense du logement représentera une charge infiniment plus considérable qu'autrefois. On comptait, avant la guerre, que le loyer devait raisonnablement représenter 1/6 ou 1/7 du revenu; c'est ainsi qu'en Angleterre, on comptait qu'une journée de salaire devait payer le loyer de la semaine. Eh bien cette proportion, que vous pouvez traduire si vous voulez par

16 %, sera certainement de beaucoup dépassée et il ne faudra pas s'étonner si le loyer représente dorénavant quelque chose comme 1/3 du budget des dépenses. Il y aura donc là une charge tellement lourde que même les ménages de la classe aisée s'efforceront de la réduire, tout particulièrement les jeunes ménages qui n'ont pas encore des situations acquises.

Une seconde cause qui poussera vers le système phalanstérien c'est le féminisme, en entendant par là le fait que la femme sera de plus en plus appelée à travailler au dehors, dans les ateliers, fabriques, ou dans une des nombreuses carrières qui s'ouvrent aujourd'hui devant elle. Elle ne pourra plus rester chez elle et remplir la fonction qui jusqu'à présent avait été le centre de la vie féminine : la tenue du ménage.

Alors, que deviendra ce que l'on appelait de ce beau nom français, qui vaut bien le nom anglais de « home », le foyer? Il sera pour toujours éteint, non pas seulement au sens matériel, mais au sens symbolique du mot, puisque la femme sera toujours absente, le mari à plus forte raison, et ce sera une raison de plus pour aller chercher dans la vie collective des facilités que l'on ne trouvera plus dans la vie de famille.

Il est vrai qu'en ce qui concerne les classes bourgeoises, la femme ne sera pas toujours obligée de quitter son foyer par la nécessité du gagne-pain quotidien, mais pour elle voici venir une autre cause qui agira avec non moins de force, ce sera la difficulté de trouver des domestiques pour tenir le ménage. Nous en avons parlé dans la précédente leçon.

Voici donc trois causes qui conspirent à détruire la vie du ménage, cette vie de ménage que Fourier jugeait si haïssable et à la remplacer par la vie collective.

Il y a bon gré mal gré, de nombreux faits qui nous montrent que ces forces sont déjà à l'œuvre. Déjà Fourier avait remarqué dans son livre l'importance que prenaient les clubs ou les cercles; il constate déjà avec satisfaction l'existence de ces cercles ou casinos, d'hommes ou de femmes, « qui font déserter les insipides soirées de familles et procurent à bas prix les bals, concerts, collections de jeux, gazettes, chaque plaisir devenant économie d'argent et de fatigue ». Or depuis cent ans que Fourier écrivait, ces cercles ont pris un développement qui l'aurait fort réjoui aujourd'hui : dans les grandes villes comme Londres, le club est devenu un domicile véritable pour les célibataires riches; ils s'y font adresser leurs lettres, ils y écrivent, ils y prennent tous leurs repas, parfois même ils y logent. Quant aux jeunes ménages, nous voyons aux Etats-Unis — où les causes que j'indiquais tout à l'heure, c'est-à-dire la cherté du logement et surtout le manque de domestiques agissent avec plus d'intensité qu'en tout autre pays — la vie d'hôtel devenir une nécessité pour beaucoup de jeunes ménages. En attendant qu'ils aient pu se faire une situation suffisante pour acquérir une maison ils logent à l'hôtel, et souvent pendant des années. J'ai eu l'occasion de rencontrer de vieilles demoiselles américaines qui n'avaient point de chez elles, mais avaient passé leur vie à se promener d'hôtel en hôtel, en Suisse, en Italie, en ayant soin de rester au moins un mois dans chaque hôtel pour bénéficier des prix de pension; c'était beaucoup plus économique pour elles que d'avoir loyer, mobilier, domestiques, train de maison. En France même, à cette heure, beaucoup de jeunes ménages logent dans des appartements meublés ou chez les parents de l'un des époux.

Une autre forme d'évolution phalanstérienne se manifeste dans les maisons de location, dans ces grandes maisons où il y a des 12 à 20 appartements, par l'installation de services collectifs. Il y a certains services nécessairement communs à tous les locataires tels que le concierge, le chauffage central, l'ascenseur, le téléphone, quand il est commun à tous les appartements. Mais il y a mieux que cela; déjà avant la guerre, dans quelques maisons de rapport, dans le quartier du Champ-de-Mars, par exemple, les architectes avaient installé des salons de réception qui servaient à tous les locataires pour donner des bals ou des dîners; chacun y avait droit tel ou tel jour de la semaine ou en s'inscrivant, à tour de rôle. De même aussi pour les salles de billard. Voilà en effet des pièces qui, lorsqu'il y en a une par chaque appartement, constituent un luxe des plus onéreux et dont on peut facilement faire l'économie. Que de maisons, en province surtout et même à Paris, où la pièce que l'on appelle le Salon avec une majuscule, n'est ouverte que pour les occasions solennelles, tout au plus un jour par semaine ! Il est lugubre avec ses meubles recouverts de housses, et défense aux enfants d'y pénétrer. Que de place perdue à un moment où tant de gens en manquent !

Des services collectifs existent aussi dans quelques maisons ouvrières. Dans les cités ouvrières bâties par les sociétés d'habitation à bon marché, il y a certaines pièces — buanderie, blanchissage, quelquefois pour la garde des petits enfants ou jeux — qui sont communes à tous les co-locataires. J'ai vu une de ces maisons à Paris, dans le 20e arrondissement, où il y avait une grande terrasse sur le toit, comme dans les maisons d'Orient, qui était à la disposition de tous les locataires pour faire sécher le linge ou prendre le frais.

On se demande pourquoi l'on n'a pas encore construit de ces maisons avec une cuisine collective pour tous les appartements. Ce serait une bien autre économie que celle du salon, car non seulement économie d'une pièce, mais économie de la cuisinière, ce qui n'est pas peu de chose ! il est clair qu'un seul cuisinier pour toute la maison, fût-ce même un cordon bleu, coûterait beaucoup moins qu'une douzaine de maritornes. Si on ne voulait pas se contenter d'un menu commun, chaque habitant de la maison pourrait commander son dîner déjà dans une foule de maisons, pour apporter les plats, à l'heure du dîner, dans des appareils thermo. Et ce ne serait pas seulement une grosse économie sur les gages mais aussi sur la consommation. Sans aller jusqu'à la table commune comme dans le phalanstère de Fourier, on pourrait réaliser des économies considérables — économie de main-d'œuvre, économie de charbon, économie sur les achats. Le propriétaire qui fera cette expérience n'aura certainement pas de peine à louer ses appartements (1).

Mais réduisons nos perspectives fouriéristes. Sans aller encore jusqu'à la cuisine collective, on pourrait tout de même organiser entre les co-locataires de maisons de grandes villes, comme Paris, une association coopérative, c'est-à-dire par laquelle ils achèteraient ensemble le charbon, le bois et prendraient un fournisseur commun pour les réparations locatives des appartements — peinture, électricité, plomberie — dépenses très onéreuses pour le locataire qui fait venir le plombier ou l'électricien pour lui seul, tandis que si c'était le même fournisseur qui fût chargé des réparations pour tous les locataires de la maison, au besoin par abonnement, cette forme d'exploitation, qui est une des plus odieuses que je connaisse, serait singulièrement atténuée. Enfin, si l'on ne peut réaliser une association coopérative de tous les locataires, on pourrait constituer entre eux une espèce d'association que j'appellerai syndicale, c'est-à-dire non pas précisément en vue de s'approvisionner en commun de certains objets ou certains services, mais simplement, comme les syndicats, pour défendre les droits et les intérêts communs

---

(1) Au moment où nous corrigeons les épreuves de cette leçon, nous trouvons dans les journaux l'annonce suivante, qui apporte une singulière confirmation aux prévisions énoncées ci-dessus :

« Le « Groupe de l'Habitation franco-américaine », comité d'architectes, d'ingénieurs et d'administrateurs connus, va construire, à Paris, quatre groupes de grands immeubles de rapport, composés d'appartements luxueux et qui comporteront d'intéressantes innovations. Un comptoir d'achats fonctionnant avec celui des grands restaurants fournira, s'ils le désirent, aux occupants, à prix de gros, les denrées achetées directement à la production, leur faisant réaliser, grâce à la suppression des intermédiaires, une économie de 25 à 40 %. S'ils ne veulent pas faire de cuisine, les trois repas leur seront servis au restaurant-salon de l'immeuble ou dans leur appartement, pour un prix de 10 à 15 francs par jour. Une buanderie blanchira leur linge et un personnel domestique bien stylé assurera leur service de chambre, de table ou de réception. Chaque immeuble comprendra de grands halls de réception, salles de fêtes, jardins, garage d'automobiles avec laveur, salles d'études pour les enfants : ceux-ci seront accompagnés chaque jour à leur lycée ou école. Les appartements, clairs et bien aérés, seront chauffés pendant toute la période froide; ils auront des installations sanitaires parfaites, eau chaude toute l'année, nettoyage par le vide, eau sté-

des locataires; une association de ce genre rendrait les plus grands services.

Il y a quelques mois, dans un article du *Progrès Civique*, précisément sur cette question, l'auteur, M. Valot, montrait, avec beaucoup de bonnes raisons, quels services pourrait rendre une association entre co-locataires dans toutes les discussions, soit avec le propriétaire, soit avec le concierge. Dans les grandes maisons de Paris on peut vivre dix années durant dans la même maison ou sur le même palier, sans se connaître, même de nom, et sans se voir, sinon au hasard d'une rencontre dans l'ascenseur, ou peut-être le jour de l'enterrement d'un des locataires! Il en résulte que les locataires, agissant individuellement, sont livrés absolument à la discrétion du propriétaire ou, ce qui est pire, à celle de ce despote domestique qui est le concierge.

Mais on ne réagit nulle part, ce qui prouve bien que, contrairement à ce qu'imaginait Fourier, M. Tout-le-Monde est absolument réfractaire à tout sentiment de solidarité et reste individualiste intransigeant.

J'avais moi-même essayé, pendant la guerre, au moment de certaines difficultés qui s'étaient élevées, d'engager les locataires de la maison où j'habite (il y a 12 locataires) à former une association pour discuter avec le propriétaire; aurait été président de droit le plus ancien des locataires. Je faisais remarquer que ce

---

rilisée, ascenseurs et monte-charge; l'étage supérieur sera en studios (cabinets de travail).

« Véritables coopératives de la classe aisée, habités par une société choisie, les immeubles seront la propriété des occupants qui verseront chacun la moitié du prix de leur appartement, l'autre moitié étant payable en 30 ans, avec faculté de libération anticipée, la cession des appartements pouvant se faire à tout moment sans aucun frais.

« Les quatre groupes comporteront : Orsay, 48 grands appartements; Jasmin, 177; Suffren, 105 moyens appartements; Port-Royal, 217 petits appartements.

« Quoique peu de bruit ait encore été fait autour de cette innovation, un grand nombre d'appartements sont déjà retenus. Les personnes qui voudront adhérer aux coopératives doivent s'adresser sans retard au « Groupe de l'Habitation franco-américaine », 61, avenue Victor-Emmanuel III. »

syndicat des locataires une fois constitué, c'est à lui que s'adresserait tout nouveau locataire qui se présenterait. Actuellement, lorsqu'il y a un appartement vacant et que quelqu'un se présente comme locataire, jamais il n'a l'idée de demander un renseignement quelconque aux personnes qui seraient les mieux qualifiées pour le donner c'est-à-dire aux locataires déjà installés; on se renseigne auprès du concierge qui répond ce qu'il veut. S'il y avait un syndicat de locataires constitué, c'est là que l'on se renseignerait et on saurait ainsi si le propriétaire est désagréable, si le concierge est insupportable, si l'ascenseur marche mal, si le chauffage central ne donne pas la température voulue, etc.

Remarquez quelle force représenterait un tel syndicat! Le propriétaire aurait le plus grand intérêt à être en bons termes avec lui, car sinon il ne pourrait plus louer ses appartements! chaque fois qu'il y aurait une vacance, le syndicat dirait aux visiteurs : Gardez-vous de venir ici!

Mes co-locataires ont répondu que c'est une très bonne idée — mais personne n'a marché.

Ici encore il faut remarquer, comme tout à l'heure, que l'instinct de la sociabilité est beaucoup plus développé dans la classe ouvrière que dans la classe bourgeoise; dans les quartiers populaires, dans les ruches ouvrières où il n'y a non pas seulement une douzaine, mais parfois 50 et 100 petits locataires ouvriers, tous se connaissent et s'aident entre eux.

Dans les grandes cités anglaises industrielles, il y a ce que l'on appelle des « associations de voisins », non pas seulement d'une seule maison, mais qui englobent tous les habitants d'un îlot de maisons. Ce sont des espèces de petites mutualités formées spontanément, les ménages s'aidant les uns les autres dans les jours difficiles, si fréquents dans la vie des salariés; lorsqu'il y a un malade, les voisins viennent faire le ménage, soigner les enfants.

Ainsi se dessine incontestablement une évolution

dans le sens fouriériste. Mais faut-il s'en réjouir et y voir un progrès?

Pour nous, le sentiment qu'elle nous inspire n'est pas exempt de mélancolie. Nous sommes plutôt frappés par les conséquences très graves qu'elle comporte. Ces jeunes ménages dont je parlais tout à l'heure, qui seront destinés à passer à l'hôtel les premières années, le plus beau temps de leur vie, se trouveront dans les conditions les plus déplorables pour fonder un foyer, une famille. Et même pour les privilégiés, qui auront les moyens de louer un appartement, si les vieilles maisons de famille devaient devenir des espèces de phalanstères où chacun ne ferait pour ainsi dire que passer, comme un voyageur dans un appartement d'hôtel, la vie se trouverait dépouillée de ce qui dans le passé a été considéré comme de plus grand prix, tant pour le bonheur des individus que pour la conservation des sociétés.

Et à un moment où la question de la natalité est si grave, tout particulièrement pour la France, pensez à ce que pourrait devenir la natalité avec cette vie nomade! Comment un ménage qui vit à l'hôtel pourrait-il accueillir avec joie la venue d'un et de plusieurs enfants?

J'ajoute qu'au point de vue des mœurs, ces ménages de déracinés sont livrés sans défense à toutes les aventures et aux tentations de trop faciles séparations.

Si donc cette marche vers le ménage collectif peut constituer un progrès au point de vue économique, il n'en sera pas de même ou point de vue moral, ni même au point de vue du bonheur individuel. Mais il ne faut pas s'en étonner : rien n'indique que dans l'évolution historique le progrès signifie un accroissement de bonheur ni de moralité. Je ne pense pas que les riches d'aujourd'hui, même les plus riches, soient plus heureux que pouvaient l'être un noble du temps de Périclès, un patricien du temps d'Auguste, un seigneur florentin du temps des Médicis. Mais ce qu'on peut dire c'est que si les heureux de ce monde ne sont pas plus heureux qu'aux temps passés, du moins les pauvres sont-ils moins malheureux, ce qui fait que, somme toute, la ligne moyenne qui marquerait le niveau du bien-être général sur un diagramme, paraît un peu ascensionnelle.

Et pour en revenir à l'objet de cette leçon, s'il est vrai que l'évolution vers l'habitation et la consommation collectives ne doive apporter aucune joie nouvelle aux classes aisées et même les dépouiller de quelques-unes des joies anciennes, il en sera autrement pour la classe salariée qui devra y trouver un certain accroissement de bien-être. En effet, les conditions présentes de la vie, surtout en ce qui concerne le logement, au point de vue du confort comme de moralité, sont telles pour la classe ouvrière que, à la différence de la classe bourgeoise, elle n'a rien à y perdre.

CHAPITRE II

Ce que doit devenir le Travail agricole

§ 1. Évolution industrielle ou agricole ?

Nous avons vu quelle place occupe la consommation dans la doctrine de Fourier.

En ce qui concerne la production, Fourier n'est pas moins original. Il se distingue de presque tous les socialistes en ce qu'il se présente comme un rural; je veux dire qu'il attribue la première importance à la production agricole, tandis que, au contraire, c'est l'industrie qui intéresse particulièrement les socialistes. Cela se comprend facilement; c'est dans les villes, dans les grands centres ouvriers, que le socialisme s'est constitué et c'est dans les milieux ouvriers uniquement qu'il trouve des adhérents. Il y a bien une propagande socialiste pour gagner les travailleurs des campagnes, mais elle est peu efficace, même en promettant le maintien de la petite propriété et le partage de la grande. Vous savez quelle grande déception ont éprouvée les communistes russes précisément parce qu'ils se sont trouvés dans un pays où la production agricole est presque tout, et c'est pourquoi la masse des travaileurs sur laquelle ils voulaient s'appuyer s'est dérobée sous eux.

Le socialisme de Fourier n'est donc pas du tout industriel comme celui de Proudhon ou de Karl Marx; ce n'est pas non plus un socialisme de classe, parce que Fourier ne se préoccupe pas spécialement des intérêts des ouvriers. D'autre part, il n'aime pas la grande industrie ni les grandes villes. C'était pourtant un employé de commerce, donc un citadin, mais ayant les goûts de ces petits bourgeois des grandes villes qui rêvent d'aller à la campagne le dimanche prendre une journée de bon temps et, quand ils seront arrivés à l'âge de la retraite, d'aller y cultiver leur jardin et y finir leurs jours. Il est possible que son socialisme rural fût plutôt une affaire de goût que de raisonnement.

Cependant c'est un point intéressant à noter parce qu'en se déclarant socialiste rural, Fourier non seulement se sépare de la plupart des socialistes mais, en outre, va à l'encontre de l'évolution économique, de cette évolution qui tend à faire prédominer de plus en plus la production industrielle sur la production agricole.

Fourier déclare que dans son phalanstère il n'y aura que 1/4 du travail laissé à l'industrie et les 3/4 restant seront consacrés aux travaux agricoles ou occupations domestiques. Assurément c'est vers une proportion inverse que tend l'évolution économique. Dans les pays les plus avancés, la production agricole voit sa place de plus en plus réduite; nous le montrerons plus loin.

Au reste, la thèse de Fourier n'est pas nouvelle. Elle avait été exposée avant lui par des hommes d'Etat comme le ministre de Henri IV, Sully, et à la veille de la Révolution par les Physiocrates, dont le nom même « gouvernement de la nature » atteste l'importance qu'ils attribuaient à la production naturelle, c'est-à-dire à celle de la terre. Depuis lors, le retour à la terre a été une devise proclamée par plusieurs écoles, et notamment par l'école sociale catholique. Celle-ci voit avec une certaine crainte le développement de la population ouvrière causé par l'industrialisme.

Il y a, en effet, bien des raisons de réclamer la priorité pour la production agricole; d'abord parce qu'elle répond aux besoins les plus essentiels de l'homme; il n'y a pas un seul aliment de l'homme qui ne soit fourni par l'agriculture — sauf le sel, et encore n'est-ce pas un aliment mais un condiment, comme on dit.

Et même là où l'agriculture ne répond pas à des besoins essentiels mais de luxe, c'est un luxe qu'on peut qualifier de légitime, ne fût-ce même que la production des roses. Il n'y a que la production de l'alcool qu'on ait le droit de lui reprocher — et encore n'en est-elle point responsable, car ce n'est point la terre qui fait l'alcool, c'est l'homme. La distillerie, avec ses alambics, est vraiment une usine, quoique les bouilleurs de cru présentent leurs produits comme alcool « naturel ». Au contraire, si vous regardez la production industrielle, vous serez effrayés par le gaspillage de travail et de matières premières qu'elle entraîne. Si on faisait la revue de tout ce qui est en montre dans les magasins d'une grande ville ou dans les grandes Expositions Universelles et si l'on recherchait la proportion des articles inutiles et de pur luxe, on serait effrayé de tout ce qu'il y a de stupide dans cette façon de gâcher le travail humain!

Pendant la guerre, on s'est quelquefois étonné qu'en somme la vie économique et la production n'aient pas été plus bouleversées qu'elles l'ont été par la mobilisation de tant de millions de travailleurs? L'explication est simple: c'est qu'un grand nombre de ces travailleurs mobilisés étaient déjà aussi improductifs pendant la paix qu'ils le sont devenus pendant la guerre! Ils faisaient des travaux qui ne servaient à rien et quand ils se sont trouvés dans les tranchées, ils n'ont fait ni plus ni moins, au point de vue économique, bien entendu.

§ 2. Condamnation du blé et du pain

Mais Fourier diffère de tous les agrariens qui l'ont précédé en ce que le travail de la terre qu'il préconise n'est nullement celui que les hommes ont connu et pratiqué de tout temps. Il ne faudrait pas croire que Fourier fut épris du charme du travail aux champs : il proteste contre toute cette littérature bucolique qui, depuis Virgile jusqu'à George Sand et les romanciers actuels couronnés par les Académies, célèbre les vertus et les joies du travail agricole. Fourier n'est nullement disposé à s'associer à ces éloges. S'il n'a pas protesté contre le fameux vers de Virgile : « Trop heureux les agriculteurs, s'ils connaissaient leur bonheur! », c'est sans doute parce qu'il n'avait pas lu Virgile, mais il n'a pas manqué de railler ceux qui s'en sont inspirés, comme le poète Delille. « Ils nous assurent, dit-il, que les champs sont un séjour de délices ineffables que nous ne savons pas savourer. Que voient-ils donc de si touchant dans cette condition? »

Il ne faut donc pas se méprendre; Fourier, en réclamant la première place pour la production agricole, ne vise nullement l'agriculture telle qu'elle a été pratiquée depuis des milliers d'années, depuis qu'on a inventé la charrue, depuis Triptolème, depuis que l'homme a été chassé du paradis, car ce travail agricole n'est autre que l'accomplissement de la malédiction divine contre la postérité d'Adam : « Tu travailleras la terre à la sueur de ton front. » Le mot même de « labourer » est assez significatif, car par son étymologie, *labor*, il implique la forme la plus dure du travail de l'homme. Fourier rappelle que les peuples pasteurs de l'Asie prononcent la même malédiction contre leurs ennemis : Puissent-ils être réduits à labourer la terre!

Mais alors si Fourier ne veut pas de l'agriculture telle que les hommes l'ont connue jusqu'à présent, que veut-il donc? — Il veut remplacer l'agriculture par l'horticulture et par l'arboriculture, c'est-à-dire par la culture des légumes et des arbres à fruits, en un mot par le jardinage. Voilà la transformation qu'il réclame. C'est notamment contre le mode d'agriculture le plus général et le plus en honneur chez tous les peuples de race blanche, la culture des céréales, qu'il ne tarit pas en sarcasmes — et plus spécialement contre la production du pain « cette nourriture bonne pour les civilisés », dit-il ironiquement. Il est curieux de rapprocher ces imprécations de Fourier contre le pain, de tant d'autres glorifications du pain par les poètes ou prosateurs, par exemple dans les livres de Tolstoï et plus spécialement dans celui intitulé *Le travail du pain*, reproduction d'un livre d'un paysan illuminé, Bondareff, que Tolstoï a présenté dans une longue préface, hymne magnifique à la gloire du travail du pain.

Les arguments de Fourier contre l'emploi du pain et contre la culture des céréales ne manquent pas de force, même sur le terrain économique. Et il convient de les exposer, mais dans un ordre plus méthodique que ne l'a fait Fourier.

D'abord, il faut remarquer qu'il n'y a pas de nourriture qui exige une plus grande somme de travail que la fabrication du pain. Il suffit de penser qu'elle a exigé de tout temps, et encore de nos jours, trois opérations successives qui toutes trois sont considérées comme les travaux les plus durs qui aient fait gémir les hommes; non pas seulement le labourage, dont je parlais tout à l'heure, mais ensuite le travail qui consiste à moudre le blé pour en faire la farine. Faire tourner la meule a été pendant des siècles le travail le plus redouté, celui auquel étaient voués les esclaves, souvent attachés à la meule, et avec une muselière parfois pour les empêcher de manger la farine. Le travail du pain n'a pas été seulement le travail des esclaves mais aussi le travail des femmes qui, dans toutes les sociétés primitives, ont été occupées sinon à tourner la meule, du moins à broyer le grain sur la pierre, comme les servantes de Pénélope dans la maison d'Ulysse. De nos jours encore, en Algérie et dans les pays d'Orient, la femme est toute la journée occupée à broyer le grain pour faire les galettes qui servent de pain.

Ce n'est pas tout! Vient en troisième lieu le travail du pétrin. On commence aujourd'hui seulement à faire le pétrissage à la mécanique, mais jusqu'à notre époque, et aujourd'hui encore dans nombre de boulangeries, la pâte est pétrie à la main pendant de longues heures, le plus souvent toute la nuit — quoique, grâce aux progrès de la législation ouvrière, ce travail de nuit commence à être supprimé — par ces ouvriers que l'on appelait des « geindres », sans doute parce qu'on les entend haleter dans l'effort qu'ils font pour soulever à force de bras cette pâte visqueuse, qu'ils baignent littéralement de leur sueur, ce qui, entre parenthèses, aurait dû suffire pour faire condamner depuis longtemps ce système de panification.

Sans doute on pourrait citer d'autres travaux aussi pénibles — il n'en manque pas! — le travail du verrier qui souffle le verre incandescent avec son long tuyau, ou celui du puddleur qui pétrit l'acier, ou du chauffeur dans les soutes des navires — mais le travail du pain intéresse un bien plus grand nombre d'hommes.

En outre, le « pain quotidien », comme on dit, nécessite une préparation quotidienne pour approvisionner de pain frais les 600 millions d'hommes de race blanche qui ne peuvent plus s'en passer. Il en serait tout autrement si le pain pouvait se conserver plusieurs semaines ou au moins plusieurs jours. Cela n'est pas impossible, il est vrai : chez nos paysans, économes de leur travail et de leur temps, on ne fait le pain « qu'une fois par semaine » ou même à de plus longs intervalles. Mais aussi l'habitant des villes le trouve-t-il immangeable et quand le pain est rassis, comme on dit, c'est-à-dire simplement de la veille, on n'en veut plus et l'ouvrier parisien le jette. De là un déplorable gaspillage.

Or, il y a d'autres aliments, même d'autres céréales, dont la consommation n'a pas les mêmes inconvénients et n'exige pas autant de travaux. Ainsi le riz, qui se consomme à l'état de grain, ce qui supprime trois catégories de travaux, la mouture, le pétrissage et la mise au four; il suffit chaque jour de le faire cuire, comme tout autre aliment.

Toutefois, Fourier ne réhabilite pas le riz, que nous sachions, mais il cite continuellement l'exemple des confitures, parce qu'il suffit de les préparer une fois par an; on n'a qu'à puiser dans le pot tout le reste de l'année. Toutes les maîtresses de maison savent, en effet, combien il est commode d'avoir des confitures toutes prêtes.

Contre la culture des céréales, Fourier fait valoir un autre argument, d'ordre économique, qu'il exprime fort bien ainsi : « Tout le système alimentaire des civilisés roule presque uniquement sur un seul comestible : le froment en Europe, le riz en Asie, le maïs au Mexique. » En effet, il n'y a guère, sur chacun des continents, ou plutôt pour chacune des grandes races, qu'une seule céréale; le riz pour la race jaune; le froment, ou parfois le maïs, pour la race blanche; et, pour la race noire d'Afrique, une ou deux autres céréales, qui sont le millet ou le sorgho. Or, dit-il, le fait que tout un pays, ou au moins les meilleures terres, sont consacrées à une seule culture constitue un grave danger, car, toutes les fois que revient une mauvaise année, la famine ou la disette se trouve être une des conséquences redoutables de cette monoculture, tandis qu'avec le système de la polyculture, le danger est bien moindre.

A ces critiques exprimées par Fourier, on pourrait en ajouter d'autres qui fortifieraient sa thèse : notamment que la culture du blé est extrêmement épuisante pour la terre. Tous ceux qui ont quelques notions d'agriculture savent que le blé ne peut être semé plusieurs années de suite sur la même terre, à moins que ce ne soient des terres exceptionnelles comme les terres noires de Russie ou les terres vierges d'Amérique, mais dans les pays vieux la culture du blé stérilise rapidement la terre; c'est pourquoi l'on a été obligé, depuis les Romains, de laisser la terre se reposer une année sur trois, ce qui fait donc que le tiers de la terre cultivable, quand on la met en céréales, restait inutilisée. Ce système se trouve amélioré aujourd'hui par le régime de l'assolement, c'est-à-dire en faisant alterner les cultures : l'inconvénient n'en existe pas moins.

Voilà pourquoi Fourier veut que, dans son phalanstère, l'agriculture surannée soit remplacée par la culture des légumes et des arbres à fruits. Et voici les avantages économiques que les sociétés trouveraient dans cette substitution et qu'il expose d'une façon ingénieuse.

Les hommes, dit-il, ont vécu dans cette idée que le pain était la nourriture par excellence, tous les autres aliments n'étant que d'importance secondaire; Fourier critique cette mode, si accréditée surtout en France — vous savez que l'on définit le Français à l'étranger : un monsieur qui porte un ruban rouge à la boutonnière et qui redemande continuellement du pain. Il y a d'autres pays, Fourier le fait remarquer, où la consommation du pain est relativement beaucoup moins forte qu'en France, ce qui a permis à ces pays de consacrer une plus grande partie de leur sol à des produits plus différenciés et plus économiques.

Cette thèse de Fourier était très neuve, car il y a un siècle on ne connaissait pas du tout ce qu'ont enseigné depuis lors l'hygiène alimentaire et la chimie agricole. L'analyse des aliments a montré, en effet, que des légumes, comme les lentilles, les pois, les haricots, contenaient des calories, pour employer le mot scientifique à la mode, en plus grande quantité que le blé, en sorte qu'ils constituent des aliments supérieurs à la fois au point de vue économique et au point de vue physiologique. Toutefois, pour Fourier, ce n'était pas ces considérations qui le déterminaient, car il ne se souciait guère de chimie ni des calories qu'il ignorait; c'était, comme je l'ai dit dans une précédente leçon, des considérations de gourmandise qui le guidaient. Il disait que le pain était une nourriture tout à fait insipide, et il le démontre d'une façon assez fine et assez plaisante : « Si vous en doutez, vous n'avez qu'à consulter les enfants qui sont les meilleurs juges en cette matière. Etre mis au pain sec est pour eux une dure punition. Et si on leur présente les trois comestibles suivants : une livre de pain, une livre de fruits, une livre de sucre, leur choix ne sera pas douteux, ils se disputeront le sucre ou les fruits et dédaigneront le pain ». Fourier ajoute que, à cause de ce choix, ils seront probablement grondés par leurs parents, alors que ceux-ci, au contraire, feraient bien mieux de recevoir cette leçon de leurs enfants et d'apprendre d'eux qu'en effet le sucre et les fruits valent beaucoup mieux que le pain.

Il est certain que Fourier a devancé son temps en attribuant aux légumes et aux fruits des vertus alimentaires qui n'ont été constatées que beaucoup plus tard et sont reconnues aujourd'hui par tous les hygiénistes; et tout particulièrement en ce qui concerne le sucre, il a été véritablement prophète. Le sucre qui, à son époque, était considéré comme une pure gourmandise, se trouve, au contraire, depuis quelques années, élevé à un des premiers rangs comme aliment.

§ 3. Il faut cultiver son jardin

Mais surtout, la grande raison qui fait que Fourier veut remplacer la vieille agriculture par l'arboriculture et l'horticulture, c'est que celles-ci permettent de réaliser ce qu'il appelle « le travail attrayant ». Tandis que le travail de la charrue, comme je le disais tout à l'heure, a toujours été considéré par les hommes comme le plus pénible, au contraire le travail qui consiste à cultiver son jardin et à cueillir les fruits des arbres ou même, avant de cueillir les fruits, à tailler l'arbre, à le greffer, a toujours été considéré comme une récréation plutôt qu'un travail. C'est le rêve de beaucoup d'employés tel qu'était Fourier, de vieux militaires, quand ils auront pris leur retraite, de cultiver leur jardin et de planter des arbres (1). Cette remarque, Fourier l'a déjà faite, mais il aurait pu monter plus haut, jusqu'à l'origine de l'espèce humaine dans le jardin d'Eden où l'homme, dit la Bible, avait été placé par Dieu « pour cultiver le jardin et cueillir les fruits des arbres ». C'est précisément le genre de travail que Fourier voulait restaurer dans son phalanstère parce que c'est le seul genre de travail que l'homme ait toujours considéré comme attrayant — peut-être par la nostalgie du Paradis perdu.

Fourier ne se contente pas d'affirmer la supériorité du travail horticole; il a tout un plan d'organisation et des plus compliqués. Il faut, d'une part, diviser les travailleurs en groupes, de façon à entretenir entre ces groupes une rivalité pour satisfaire à cette passion essentielle qu'il appelle du nom bizarre de « cabaliste » et qui est simplement l'émulation. Il abonde en détails sur l'organisation de ces « séries », comme il les appelle. Il faut que chaque culture comporte une série spéciale : une série pour les poires, une série pour les roses, une autre

(1) « La jeune femme arrose ses fleurs, le vieux soldat aligne les bordures de son jardinet, l'homme d'études greffe ses arbres, le citadin cherche à s'égarer entre les bords de son parterre microscopique; la grisette orne ses fenêtres d'un rideau de plantes grimpantes. »
Renaud, *De la Solidarité*, p. 67.

pour les cerises. Et ensuite dans chacune de ces séries il y aura autant de groupes qu'il y aura de variétés de chacun de ces fruits ou de ces légumes; la série des poiristes comprend les groupes pour poires dures, poires fondantes, etc., chacun de ces groupes s'adonnant spécialement à la culture d'une seule de ces variétés. C'est donc la spécialisation à outrance des groupes — mais non pourtant des individus, car remarquez que chaque individu devra être membre d'un grand nombre de séries et, par conséquent, pourra s'adonner à un grand nombre de spécialités (1).

Une autre condition essentielle de son plan d'organisation du travail agricole ce sont les très courtes séances. Fourier pense que l'une des raisons pour lesquelles le travail paraît aux hommes si ennuyeux, c'est qu'il est prolongé : « la vie est un supplice perpétuel pour nos ouvriers obligés d'employer douze heures consécutives et souvent quinze ». Aujourd'hui ce n'est plus que huit heures, mais Fourier trouverait que huit heures c'est encore beaucoup trop! Le travail dans le phalanstère sera coupé en une multitude de petites tranches de deux heures chacune, pas plus; ce qui fait que chaque sociétaire travaillera, par exemple, deux heures dans une des séries, disons celle des roses, puis deux heures dans celle des pommes de terre, puis deux heures dans celle des tapissiers, ou tout autre groupe. Voici, par exemple, l'horaire d'une journée d'un phalanstérien :

Journée de Lucas, au mois de juin

3 *heures et demie, lever, préparatifs.* C'est un peu matin, même pour la vie rurale, mais Fourier nous annonce que dans le phalanstère on n'aura aucun besoin

(1) « Dans toute association nombreuse, il faut placer les travailleurs par groupes en séries ascendantes et descendantes afin de bien développer les penchants de chacun et faire naître l'émulation d'une opposition méthodique, d'une contradiction pour que l'émulation en sorte, et que par suite la production croisse en raison de l'exactitude que l'on met à échelonner les nuances et penchants et à former de chaque nuance autant de groupes que se compose la série. Ainsi vingt groupes cultivant vingt sortes de roses forment une série de rosistes... ».

de sommeil pour réparer les forces, comme il est nécessaire aux travailleurs d'aujourd'hui accablés de soucis, parce qu'on travaillera sans fatigue; d'ailleurs la vie sera trop heureuse pour qu'on soit disposé à sacrifier trop d'heures au sommeil.

4 *heures, séance à un groupe;*
5 *heures, groupe des jardiniers;*
7 *heures, déjeuner;*
7 *heures et demie, groupe des faucheurs;*
9 *heures et demie, un autre groupe;*
11 *heures, série des étables;*
1 *heure, le déjeuner;*
2 *heures, série des sylvains* : ce mot mythologique désigne simplement ceux qui s'occupent des forêts, des bois, les forestiers et les bûcherons;
4 *heures, le groupe des manufactures* (c'est le seul travail industriel de la journée);
6 *heures, la série d'arrosage;*
8 *heures, séance à la Bourse.* Cette institution tient une grande place dans le phalanstère; on y viendra discuter le prix de toutes choses, ce qui, d'après Fourier, sera une des principales sources de « passions » pour les phalanstériens;
8 *heures et demie, souper;*
9 *heures, fréquentation amusante;*
11 *heures, le coucher.*

Il y a ainsi nombre d'autres horaires dont je vous fais grâce.

De même que l'organisation par séries a pour but de satisfaire à la passion de l'émulation qu'il appelle « cabaliste », de même le système des courtes séances a pour but de satisfaire au goût du changement qu'il désigne d'un terme gracieux : la papillonne.

Je ne voudrais pas multiplier indéfiniment ces tableaux qui remplissent les livres de Fourier parce que, il faut bien le dire, tout cela c'est de la fantaisie; en réalité, la vie et le travail agricoles ne sont pas du tout ce que Fourier se les représente. Il est pourtant vrai, car il y a toujours une part de vérité dans ses extravagances, que le travail agricole, tout particulièrement le travail de jardinage, offre une variété d'occupations qu'on ne trouve dans aucun, ou bien peu, d'autres travaux. Comparez, en effet, le travail si monotone de l'ouvrier de la grande industrie, du tisserand qui, mille fois par heure, voit courir la navette sur le métier, ou l'ouvrier métallurgiste qui passe son temps à frapper ou à voir le marteau-pilon frapper la barre de fer; ou même le travail plus artistique du potier, par exemple, qui passe son temps à faire tourner le vase d'argile, du forgeron qui bat le fer sur l'enclume — comparez, dis-je, ces travaux à celui du jardinier qui tantôt pioche la terre, tantôt bine, tantôt sarcle les mauvaises herbes, tantôt dépique les jeunes plants pour les mettre en terre, et faire des boutures, tantôt fait la chasse à tous les animaux qui font la guerre aux fruits et aux légumes, à la taupe, aux hannetons, aux vers blancs, à la guêpe gourmande de raisins; qui, selon l'heure ou la saison, badigeonne, sulfate, soufre, arrose, plante, déplante — vous trouverez dans la journée du jardinier une variété de travaux qui ne diffère pas beaucoup de l'horaire imaginaire du phalanstère.

Néanmoins, l'idée que se fait Fourier de la vie agricole ou même du jardinage est celle d'un employé de commerce, d'un citadin, d'un rentier, qui ne la connaît que par ses promenades du dimanche. Il ne faut pas ignorer que les travaux que nous venons d'énumérer, chacun séparément et tous réunis, sont généralement pénibles, du moins quand ils sont faits professionnellement, pour gagner sa vie.

Par exemple, il faut se représenter la vie des maraîchers des environs de Paris qui, en outre de leurs travaux quotidiens, sont obligés de se lever et de partir avec leur charrette de légumes au milieu de la nuit, s'ils sont loin, ou au plus tard à trois heures du matin, pour pouvoir arriver aux Halles quand le marché commence, c'est-à-dire à quatre heures du matin, et cela par tous les temps, pluie ou neige. Ces milliers de charrettes font la procession sur toutes les routes qui conduisent à Paris, toutes les nuits, et leurs conducteurs dorment de fatigue sur leur siège, pendant que les chevaux habitués à ce trajet quotidien vont tout seuls.

Et même le genre de travail qui semble séduire tout particulièrement Fourier, et qu'il donne comme le type du travail attrayant, la cueillette des fruits, n'est pas un divertissement. Fourier se le représente comme un jeu d'enfants qui font l'école buissonnière, qui vont, un jour d'école, cueillir des noisettes ou des myrtilles dans les bois, et où chacun rivalise à qui aura le plus tôt rempli son petit seau ou son chapeau. Ce n'est pas du tout cela la vraie cueillette des fruits. J'ai eu l'occasion, bien des fois dans ma vie, d'assister aux vendanges : c'est, à proprement parler la cueillette des raisins, mais elle ne rappelle qu'en partie les tableaux idylliques de Fourier. Se tenir toute la journée courbé sur la souche pour couper les raisins, c'est une attitude très fatigante, même par les beaux jours, à plus forte raison en août quand le soleil est torride, en septembre alors que déjà le temps est froid et pluvieux. J'ai vu parfois les vendangeurs dans des vignes tellement baignés de rosée qu'ils étaient comme trempés dans l'eau. Il est vrai que la troupe des vendangeurs est assez joyeuse et bruyante d'ordinaire, mais quoique divisée par « coles », comme on dit, c'est-à-dire par bandes, conformément au programme de Fourier, elle ne semble pas du tout animée par la cabaliste; on ne voit guère les coupeuses rivaliser à qui aura rempli son seau la première ! Au contraire, il est de règle que celle qui se trouve un peu en avance s'arrête tranquillement à la souche et mange les raisins ou fait la causette en attendant que la dernière de la troupe ait rejoint, la marche se réglant non sur le plus actif, mais sur celui qui l'est le moins. Dans un livre qui vient d'être couronné par l'Académie de Goncourt, *Les Creux de maisons*, il y a justement un chapitre sur l'effeuillage d'un champ de choux, par une matinée d'hiver, qui donne une impression presque terrifiante de cette opération; pourtant elle eut semblé si bien rentrer dans les tableaux attrayants de Fourier!

Cette culture de l'avenir, nous devons nous la représenter moins sous la forme d'un aimable jardinage que sous celle d'une culture intensifiée : un jardin, si vous voulez, mais un jardin dans lequel on emploiera en vue de la culture tous les perfectionnements de la science, avec des serres où l'on créera à son gré les saisons, en faisant varier non pas seulement la température mais aussi la lumière, où l'on fera jouer toutes les couleurs du prisme, selon la nature des cultures, le rouge, le jaune, le bleu, le violet, car on a reconnu que les couleurs ont une influence réelle sur la végétation, et aussi sans doute l'électricité, les agents chimiques, en sorte que ce jardin de l'avenir évoquera bien plus l'idée d'un laboratoire de chimie que celle du jardin d'Eden.

Sans doute ces anticipations dépassent les prévisions de Fourier; cependant ce qui est très remarquable pour son temps, il a prévu la collaboration des forces naturelles à l'œuvre de la production agricole. Seulement, ignorant des sciences comme il l'était et d'ailleurs se plaisant à laisser vagabonder son imagination, il s'est représenté cette collaboration des forces naturelles sous la forme la plus fantaisiste et en quelque sorte intervertie : celle d'une transformation de l'atmosphère et des océans par l'effet des cultures. Il avait cette vague notion que par des reboisements, l'homme peut agir sur le régime des pluies — influence qui aujourd'hui est considérée comme extrêmement douteuse — et, agrandissant démesurément cette influence, il pensait que l'homme pourrait modifier toute l'atmosphère, cette espèce de vêtement de la terre, comme il l'appelle si bien, et modifier non pas seulement les climats — la zone polaire deviendrait une zone tempérée — mais aussi la composition des eaux de la mer ! elles ne seraient plus salées, elles seraient agréables au goût. Cette influence s'étendrait même jusqu'aux planètes qui, en retour, agiraient sur la végétation et dont chacune aurait son action propre : j'en ai dit un mot dans ma première leçon. D'après ce que m'a rapporté un disciple de l'école fouriériste, ce serait dans les ouvrages de Képler que Fourier aurait puisé ces visions cosmogoniques. Nous devions les indiquer, mais il est inutile de s'y arrêter davantage.

§ 4. Confirmations partielles des prophéties de Fourier

Dans quelle mesure les faits ont-ils confirmé ces doctrines de Fourier ?

Il y a aujourd'hui juste un siècle qu'elles ont été exposées; or, un siècle d'histoire économique doit suffire pour apporter quelque confirmation ou quelque démenti à toute théorie. Que nous a-t-il enseigné sur ces prophéties de Fourier? Si on se place à un point de vue général, on peut dire qu'il a apporté le plus complet démenti, en ce sens que l'évolution économique s'est faite tout au contraire dans un sens de plus en plus industriel; que c'est l'industrie qui, dans tous les pays, tend à refouler de plus en plus l'agriculture et même, chose remarquable, que l'agriculture ne peut se défendre aujourd'hui qu'en s'industrialisant elle-même, c'est-à-dire en perdant son caractère d'exploitation agricole pour prendre le caractère d'usine de production industrielle.

Dans les pays les plus avancés, la production agricole, au lieu d'occuper les 3/4 du travail national, n'occupe peut-être plus même 1/4; c'est au contraire dans les civilisations relativement en retard que l'idéal de Fourier se trouve réalisé. Voici la proportion de la population agricole et de la population industrielle dans quelques pays. Je prends les chiffres dans les pays qui se trouvent aux deux extrémités de l'échelle parce que ce sont les plus significatifs.

Nous trouvons :

en Russie	4	travailleurs	industriels pour	10	agricoles
en France	0	—	—	10	—
en Allemagne . .	13	—	—	10	—
en Angleterre . .	78	—	—	10	—

Vous voyez quelle différence entre la Russie, par exemple, où il y a deux ou trois fois plus d'agriculteurs que d'industriels, et l'Angleterre où, au contraire, il y a huit fois plus de travailleurs industriels que d'agricoles. La France se trouve sur cette échelle, comme sur presque toutes les échelles comparatives, dans une situation moyenne et qui paraît assez favorable, la population agricole et celle industrielle se trouvent presque à égalité, 52 % contre 48. Mais ces chiffres sont ceux d'avant la guerre; or, la guerre aura eu certainement pour résultat de diminuer encore le chiffre de la population agricole au profit de la population industrielle, car sur les 1 million 300.000 tués de la guerre, la proportion des morts appartenant à la classe agricole est très supérieure à celle des morts appartenant à la classe industrielle, par la raison que les travailleurs de l'industrie ont été en grand nombre mobilisés à l'intérieur dans les usines pour fabriquer les appareils de guerre, tandis que les agriculteurs ont toujours été dans les tranchées. En outre, un grand nombre d'habitants des campagnes sont venus dans les villes, soit comme réfugiés, soit au contraire parce qu'enrichis, et ils y resteront. Donc, quand on publiera les chiffres du nouveau recensement de 1921, il est probable qu'on y verra que les travailleurs agricoles et ceux industriels sont en nombre égal.

Au contraire, en Russie, par suite de la Révolution et de la ruine du commerce et de l'industrie, la proportion est tombée peut-être à 1 contre 10; mais c'est une exception.

Comment expliquer cette prédominance progressive de la production industrielle sur la production agricole? Il y a là, semble-t-il, quelque chose d'anormal, car, pourtant, la consommation des produits agricoles — c'est-à-dire des denrées alimentaires, tous les aliments étant fournis par l'agriculture — ne diminue pas? Les dépenses d'alimentation restent toujours le chapitre du budget de beaucoup le plus important, du moins pour la masse de la Nation : sa part s'élève aux 2/3 et même jusqu'aux 3/4 pour les petits salaires. Il doit donc en résulter une rupture d'équilibre entre la production et la consommation, puisqu'alors que la consommation ne diminue pas, la production se restreint et, par conséquent, en vertu de la loi de l'offre et de la demande, les prix des produits agricoles doivent augmenter, tout au moins relativement aux prix des produits industriels?

En effet, c'est bien ce qui a lieu : je ne parle pas de la situation actuelle des prix, complètement perturbée, mais en temps normal la baisse porte presque uniquement sur les produits industriels et n'affecte que très peu les produits agricoles (hormis en Russie où c'est l'inverse par la raison indiquée ci-dessus). Et pourtant ce qui importerait ce serait surtout la baisse des prix des produits agricoles puisque c'est de ceux-ci seulement qu'on peut attendre une diminution du coût de la vie pour la classe salariée.

En fait, cette diminution relative de la production agricole dans l'Europe occidentale s'explique facilement par le fait que les pays industriels préfèrent demander à l'importation leurs aliments et se spécialiser dans la production industrielle plus lucrative, et dont les produits leur servent à payer leurs aliments importés. Ils font travailler leurs mines ou leurs usines avec les travailleurs recrutés dans les campagnes. C'est ainsi que les deux puissances que nous avons vu figurer sur le tableau comme étant celles dont la population industrielle dépasse de beaucoup les travailleurs agricoles, l'Angleterre et l'Allemagne, demandent à l'étranger une très grande partie des aliments qui sont nécessaires à leur population; elles ne pourraient vivre sans cela.

L'effet de la dernière guerre, avec le double et formidable blocus, dressé, de part et d'autre, par la flotte anglaise et par les sous-marins, a eu pour effet d'ouvrir les yeux sur cette situation et de montrer quel était le danger pour les pays qui se laissent aller à se développer industriellement en sacrifiant plus ou moins l'agriculture. Au cours de la guerre, en Angleterre, il a été très sérieusement question de changer complètement le système de culture, c'est-à-dire de revenir à la culture des céréales qui existait il y a un siècle, mais qui avait été peu à peu abandonnée pour faire place aux prairies et à l'élevage du bétail.

Si donc on s'en tenait à cette première impression, on serait tenté de dire que les faits donnent un complet démenti aux prévisions de Fourier. Mais cette impression pourrait bien être trompeuse. Assurément, si les prévisions de Fourier sur les directives de l'évolution et sur l'avenir de la production agricole, n'avaient pour fondement que les agréments du travail agricole, voire même horticole, elles seraient peu solides. Néanmoins je suis disposé à croire que c'est bien en ce sens — et contrairement à ce que nous montrent les statistiques de la situation économique actuelle — que nous marchons, mais c'est par des causes qui sont tout à fait différentes de celles visées par Fourier. Je ne crois pas que dans l'évolution économique le facteur agrément ait beaucoup de force, mais il y a la nécessité qui, à mon avis, déterminera cette transformation.

Mais il y aura une nécessité plus impérieuse que celle de la guerre elle-même, à savoir l'augmentation de la population. C'est un fait auquel — depuis Malthus dont on raille, bien à tort, les prophéties — on ne prête plus guère attention, surtout en France, et pour cause. Pourtant si on regarde dans les statistiques l'augmentation de la population de l'Europe, et celle plus rapide encore des pays neufs, on ne peut s'empêcher d'être effrayé de la rapidité avec laquelle s'accroît le nombre des consommateurs. En effet, la population augmentait avant la guerre d'environ 1 % par an, soit pour les 1.600 millions d'hommes que comptait la population du globe, environ 16 millions d'âmes chaque année, c'est-à-dire que les 8 millions de morts de l'effroyable guerre ne représentent que l'accroissement de la population mondiale durant six mois et que cette énorme hécatombe aura donc pour toute conséquence au point de vue démographique non pas même de faire un vide, mais seulement de retarder de quelques mois la croissance normale. Cet accroissement de la population aura nécessairement pour effet, tôt ou tard, mais peut-être plus tôt qu'on ne pense, de couper les vivres aux pays d'Europe qui faisaient venir leur nourriture de l'Asie, de l'Australie, de l'Amérique, parce que ces pays d'outre-mer auront assez à suffire aux besoins de leur population sans avoir d'excédent à envoyer au dehors. Les pays d'Europe seront donc obligés de se mettre en mesure de suffire aux besoins d'une population qui, déjà, est arrivée, dans certains pays de l'Europe occidentale à un degré de densité tel qu'il ne leur permet plus de se nourrir par leurs propres moyens.

Et alors, que faudra-t-il faire? Il faudra que ces pays s'ingénient pour trouver un mode de culture de la terre qui produise le maximum d'aliments sur une superficie donnée pour nourrir le plus grand nombre possible d'hommes. Or, la culture du blé ne peut nourrir une population telle que celle agglomérée aujourd'hui en Belgique, en Angleterre et dans certains pays de l'Allemagne. On aura alors recours au jardinage, parce que ce mode de culture permet de multiplier la superficie cultivable en faisant succéder sur le même carré de terre cinq ou six récoltes successives. Il suffit de comparer dans un grand domaine, d'une part les centaines d'hectares s'étendant autour de la ferme, qui sont cultivés en céréales, et d'autre part le jardin potager qui, sur une petite superficie dépassant rarement un hectare, produit la nourriture quotidienne en légumes et en fruits de tous les habitants de la ferme, 18 à 20 personnes.

Vous voyez déjà que, tout autour de Paris, dans une zone qui a plus de 20 kilomètres de rayon, l'agriculture a disparu; il n'y a plus que la culture maraîchère. Il en est de même, avec des rayons plus ou moins étendus, autour de toutes les grandes cités. Et naturellement, au fur et à mesure que la population des villes grandit — ce qui apparaît comme une loi démographique partout confirmée — au fur et à mesure aussi le cercle de culture maraîchère s'étend, en sorte que si par la pensée on prolonge cette évolution, on doit voir, à un moment donné, ces cercles de culture maraîchère, que vous pourriez dessiner sur la carte autour de chaque ville, finir par se rejoindre et recouvrir toute la surface du pays.

Un jour viendra où chacun des pays d'Europe présentera le même aspect que celui de la banlieue de nos capitales d'aujourd'hui, tout en cultures maraîchères et faisant venir leur pain et leur viande de la province qui sera l'univers.

Il y a déjà des pays, ou du moins de vastes régions,

qui sont arrivés à cet état où l'agriculture a fait place au jardinage. D'abord la Chine, qu'on se représente comme le plus arriéré de tous les pays et qui sur ce point pourrait bien être le plus avancé, la Chine où l'agriculture — à la fois petite, en ce sens que les parcelles cultivées ne sont pas plus grandes que des jardins, et extraordinairement intensive, en ce sens que la culture y est pratiquée aussi comme dans un jardin; par exemple, le riz, qui est la grande céréale de Chine, n'est pas du tout semé à la volée par le beau geste du semeur, mais planté grain à grain, puis ensuite, dès que l'épi est sorti de terre, replanté dans un trou spécial pour chaque épi, repiqué, comme on dit; ce sont là des procédés uniquement de jardinage. Pourquoi? Précisément parce que l'énorme densité de la population à obligé la Chine à remplacer l'agriculture par l'horticulture.

En ce qui concerne spécialement la culture chère à Fourier, celle des fruits, elle a pris un développement remarquable, non seulement dans les vergers de Syrie et dans les colonies coopératives de Palestine fondées par les Sionistes, mais plus encore en Californie. Cet État est devenu un verger, grand comme en France, où se fait sur la plus grande échelle la culture des oranges, pêches, abricots, pommes, poires, citrons, etc., production qui déborde bien au delà de la Californie puisque vous avez certainement mangé des compotes de ces pêches ou abricots qui, après avoir été séchés, sont exportés dans le monde entier. Quelle eût été la joie de Fourier s'il avait pu voir cette réalisation de son rêve! d'autant plus que la production, la préparation et l'exportation des fruits y sont organisées en maints endroits sous forme de coopératives de culture et de vente.

D'autres causes que l'accroissement de la population peuvent provoquer « le retour à la terre », causes sociales ou politiques. Ce mouvement, qui commençait à se dessiner avant la guerre, a reçu de celle-ci une forte impulsion. Dans toute l'Europe centrale on voit naître et grandir une « Internationale Verte » (*Green raising*) qui se place surtout, il est vrai, sur le terrain politique en vue de combattre l'Internationale rouge, mais qui, sur le terrain économique aussi, se présente avec un programme très net de réaction contre l'Industrialisme.

Vous voyez donc que nombreux sont les faits qui déjà semblent donner raison aux vues singulières de Fourier et annoncer un monde nouveau qui ne sera pas très différent de celui qu'il a entrevu.

§ 5. Évolution vers le végétarisme

Ainsi l'évolution économique pourra bien, malgré les apparences contraires, donner raison à Fourier en ce qui concerne la transformation de la culture — et par conséquent, aussi, en ce qui concerne la consommation. Le pain, comme il le souhaitait, sera remplacé par d'autres aliments, mais lesquels? Car les genres de production qui semblent condamnés à disparaître par suite des mêmes causes, ce ne sont pas seulement la culture des céréales, c'est aussi la production de la viande, l'élevage du bétail. Un bœuf, une vache, un mouton même, exigent pour leur nourriture plus d'espace que l'homme. Il faut donc choisir entre l'homme et le bœuf. Du jour où il faudra toute la terre pour l'homme il n'en restera pas pour le bétail.

Il en sera de l'histoire du bétail ce qu'il en a été du gibier. Ce que nous appelons aujourd'hui le gibier, c'est-à-dire les animaux sauvages mais comestibles, a été la nourriture populaire des hommes de tous pays; au moyen âge c'était encore une nourriture courante; il n'y a qu'à lire les chroniques de l'époque. Mais par suite de l'accroissement de la population, il n'est plus resté de place pour le gibier qui a besoin de grands espaces pour vivre, beaucoup plus encore que l'animal domestique. Au fur et à mesure qu'il a fallu étendre la culture pour les habitants, le gibier s'est vu refouler — comme les Peaux-Rouges de l'Amérique, ou les Canaques de la Nouvelle-Calédonie, qui tous auraient péri peu à peu, faute de place, si par charité on ne leur avait laissé ce qu'on appelle « des réserves » : pour la sauvegarde du gibier il y a aussi des réserves et des « chasses gardées ». Par les mêmes causes, un jour viendra où le bétail sera aussi rare que l'est aujourd'hui le gibier, où le gigot de mouton sera un objet de luxe comme aujourd'hui le cuissot de chevreuil, une tête de veau comme aujourd'hui une hure de sanglier. Seuls les petits animaux, ceux qui n'exigent pas un grand espace pour vivre ou même qui vivent des miettes de notre table, cochons, volailles, lapins, continueront à figurer dans les menus quotidiens. En Chine, dont je parlais tout à l'heure, en fait de viande de boucherie il n'y a guère que les petits chiens et les petits cochons.

Quoique ces perspectives sur l'élevage du bétail ne semblent pas être entrées dans les prévisions de Fourier, cependant il est à remarquer que l'aviculture figure en bonne place dans les occupations de son phalanstère.

Si l'évolution que je viens d'esquisser se réalise, alors ce sera le végétarisme forcé, par la disparition ou la raréfaction de la viande. Or, en effet, je pense que nous marchons vers le végétarisme : il n'y a qu'à voir quelles modifications dans la consommation au cours des siècles! Sans avoir besoin de remonter aux héros de Homère avalant un « dos de porc » comme nous une côtelette, ni même à ces repas du temps de Louis XIV qui donnent la nausée rien qu'à lire le nombre de services et les quantités de viandes qui devaient figurer sur les tables, mais même à s'en tenir à la courte durée de notre génération, il suffit de voir combien dans nos repas la proportion de la nourriture animale a diminué relativement à la nourriture végétale. Aujourd'hui, dans bon nombre de familles, non pauvres mais riches, l'on ne mange de la viande qu'une fois par jour; on la supprime pour le repas du soir. Cette évolution doit conduire nécessairement à un végétarisme presque complet, sauf les exceptions que j'indiquais tout à l'heure. Et j'estime que ce sera là un progrès, à tous les points de vue.

Progrès pour l'hygiène; tous les médecins sont d'accord aujourd'hui pour le reconnaître. Il est vrai que la viande est d'une digestion plus rapide que les autres aliments parce qu'il nous est plus facile de digérer un aliment qui a déjà été préparé par un être vivant en en faisant sa propre chair, mais d'autre part, l'arthritisme, la goutte, peut-être le cancer, en tout cas nombre d'intoxications, viennent de la viande, tandis que les légumes et fruits en sont innocents — pour autant qu'ils n'ont été triturés par des mains humaines.

Progrès au point de vue économique, car il n'y a rien de plus cher que la viande. Peut-être demanderez-vous pourquoi, puisque dans l'élevage c'est la nature qui est le grand facteur et que la main-d'œuvre est réduite au minimum? Oui, mais la cause de cette cherté est précisément celle que je viens d'indiquer : c'est la nécessité d'occuper une vaste étendue de terre pour chaque tête de bétail — même quand on élève les animaux à l'étable, car qu'ils broutent ou qu'ils mangent au râtelier, la quantité d'herbe est à peu près la même. C'est pourquoi il y a une grande économie à remplacer au menu le plat de viande par un plat de légumes. Toute maîtresse de maison sait cela.

Progrès enfin au point de vue moral, car l'homme ne devrait pas avoir la conscience tout à fait en repos, quelque habitude qu'il en ait, tant qu'il croit nécessaire de tuer des êtres vivants pour son alimentation, et non seulement pour les tuer, mais les faire le plus souvent cruellement souffrir pour qu'ils soient « meilleurs » à manger.

Vous n'ignorez pas que cette évolution dans le sens végétarien a déjà fait naître de nombreuses sociétés végétariennes — dont on se moque, il est vrai, mais qui néanmoins se flattent d'être l'anticipation d'un avenir certain. Il y a trois catégories parmi les végétariens. Les modérés, ceux de droite, si je puis dire, qui admettent comme nourriture non seulement tous les végétaux mais aussi les produits animaux qui n'impliquent pas la mort de l'animal dont ils proviennent, tels que les œufs, le lait, le fromage, le miel des abeilles. Puis les végétariens de plus stricte observance qui excluent tout produit animal, même non souillé de sang, pour s'en tenir aux produits de la terre. Enfin, ceux de l'extrême gauche, les « exaltés » — c'est le nom de leur secte, elle n'est pas nombreuse — qui rejettent grains et légumes, pour s'en tenir uniquement aux fruits, frais ou secs, pris dans un sens assez large, y compris marrons, noix, olives, et qui pensent que ce menu suffit parfaitement à l'alimentation de l'homme et même dispense de recourir à d'autres liquides pour la boisson — tout comme Adam et Eve dans leur jardin d'Eden, ou comme l'homme primitif qui, avant d'avoir inventé l'arc pour la chasse et la charrue pour le labour, n'avait pour toute industrie que la cueillette. Il faut dire que cette secte extrême des végétariens a pris naissance en Californie et par conséquent se trouve dans le milieu propice puisque nous avons dit tout à l'heure que cette partie du monde était devenue un véritable verger.

A vrai dire, je ne crois pas que Fourier se fût inscrit parmi leurs adhérents, car il était trop gourmand pour être strict végétarien. Et quoiqu'il aimât les bêtes et n'ait pas oublié de leur ménager une bonne place dans son phalanstère et même de vouer spécialement à leurs services des groupes spéciaux d'enfants sous le nom de Petites Hordes, cependant il admet qu'on les tuera « mais sans les faire souffrir », d'où il faut conclure évidemment qu'on les mangera.

D'ailleurs, Fourier n'aurait pas admis le point de départ de l'histoire à venir que je viens de vous esquisser, à savoir que l'homme sera amené à transformer son mode de production et sa consommation par suite de la pression de la population. En effet, il déclare que, dans son système harmonique, l'accroissement de la population sera enrayé; j'aurai à revenir, dans une autre leçon, sur les caractères singuliers de son malthusianisme.

CHAPITRE III

L'Industrialisme et le Salariat — Le Travail attrayant

I

L'INDUSTRIALISME

§ 1. La condamnation de l'Industrialisme

Laissons maintenant l'évolution agricole et parlons de l'évolution industrielle. Vous savez que pour Fourier l'industrie ne doit venir qu'au second plan. Il réserve un quart à la production industrielle et trois quarts à la production agricole, mais ce n'est pas assez de dire que Fourier voulait la subordination de l'industrie : il haïssait l'industrialisme. Voici, dans un passage célèbre, comment il le qualifiait :

« L'industrialisme est la plus récente de nos chimères scientifiques. C'est la manie de produire confusément, sans aucune garantie pour le producteur ou le salarié de participer à la moisson des richesses. »

Et, citant comme preuve à l'appui, l'Angleterre, il ajoutait :

« Malgré son développement industriel, elle a plus de pauvres que les autres pays. »

Or l'évolution industrielle, au temps où Fourier écrivait, c'est-à-dire il y a exactement un siècle — c'était en 1822 — était bien peu avancée, on peut dire que l'industrialisme n'était pas encore né. Il y avait encore presque pas de grande industrie mécanique avec machines à vapeur, mais presque uniquement une industrie manufacturière. Cependant il y avait déjà un économiste, un économiste hérétique, il est vrai, Sismondi, qui, peu d'années avant Fourier, avait signalé, dénoncé, cette évolution industrielle comme grosse de misères pour les sociétés modernes. Il s'était fait tancer vertement par les économistes ses contemporains, et notamment par l'illustre Jean-Baptiste Say, qui a été le premier professeur d'Economie politique au Collège de France.

Fourier, dans sa critique de l'industrialisme, reproduit certains arguments de Sismondi, mais en présente d'autres aussi. Il montre que cette évolution industrielle est grosse de contradictions, comme dira plus tard Proudhon dans son livre fameux des « Contradictions économiques ». Il montre la consommation opérant « en mode inverse », comme il dit, c'est-à-dire gouvernée par la fantaisie des oisifs; la circulation aussi opérant en mode inverse, c'est-à-dire par des intermédiaires qui, devenant propriétaires du produit, rançonnent producteurs et consommateurs et sèment des désordres dans le système industriel; inverse aussi pour la concurrence, en ce qu'elle tend à la réduction des salaires, et conduit le peuple à l'indigence par les progrès mêmes de l'industrie. Fourier certainement a été l'un des premiers à écrire cette phrase, tant de fois depuis répétée, que l'évolution industrielle conduit le peuple à l'indigence en raison directe de la multiplication des richesses. Et il termine par ce trait, qui a été aussi maintes fois rappelé après lui :

« L'industrie présente un caractère plus général : c'est la contrariété des deux intérêts, collectif et individuel. Tout industrieux est en guerre avec la masse et malveillant envers elle par intérêt personnel. Un architecte a besoin d'un bon incendie qui réduise en cendres un quartier de la ville, et un vitrier une bonne grêle qui casse toutes les vitres. Le tailleur, le cordonnier, ne souhaitent au public que des chaussures de mauvais cuir, afin qu'on en use le triple pour le bien du commerce. »

Voilà sous quels caractères l'évolution industrielle apparaissait déjà à Fourier. Qu'aurait-il dit s'il s'était trouvé en présence de la grande industrie de nos jours, de ces immenses casernes industrielles où s'agglomèrent des dizaines de milliers d'hommes, avec tout l'appareil mécanique, les hauts fourneaux, les machines, les dynamos, la fumée et le tapage infernal qui caractérisent l'industrie moderne ?

On sait que le développement de la grande industrie a été plus tard salué avec joie par Karl Marx comme devant faciliter la voie au collectivisme. Cette concentration n'existait pas encore du temps de Fourier. Cependant il l'a annoncée dans une page prophétique.

« La libre concurrence a pour résultat ultérieur la féodalité mercantile. Cet ordre s'établit par des compagnies privilégiées qui, une fois formées, règnent concurremment avec le souverain, lui donnent part aux bénéfices du monopole, et réduisent à l'esclavage industriel tout ce qui est hors de leur sein. »

Si vous songez que ceci a été écrit 70 ans avant que les premiers trusts ou les premiers cartels aient été créés, vous verrez que l'expression de prophétique que j'ai employée tout à l'heure n'est pas exagérée. Tout est dit là-dedans : « qui règnent concurremment avec le souverain », c'est-à-dire avec l'Etat; — « qui lui donnent une part des bénéfices du monopole », comme font en effet les grandes Compagnies de chemins de fer ou la Banque de France, en partageant avec l'Etat les bénéfices; — « et qui réduisent à l'esclavage industriel tout ce qui est hors de leur sein », c'est-à-dire qui écrasent leurs concurrents.

« Elles font sans obstacle la loi du marché général par leurs énormes capitaux. Dès lors les propriétaires médiocres, c'est-à-dire tous les petits producteurs, se trouvent forcés de subir les tarifs et les cours qu'elles y introduisent. Quel est le dénouement auquel tendent l'esprit mercantile et la noble science de l'économie politique ? C'est que l'ordre établi est une dernière phase de la civilisation, qui, selon la loi des extrêmes, doit finir comme elle a commencé, par une féodalité industrielle, reprenant en sens inverse la féodalité militaire. »

Voilà des visions historiques qui ne laissent pas d'être assez remarquables, surtout sous la plume d'un homme aussi dépourvu de culture générale que l'était Fourier. Vous remarquerez la flèche qu'il décoche à l'Economie politique : la concurrence, que les économistes disent devoir sauvegarder les intérêts du consommateur et assurer le juste prix, ne le crée nullement. La liberté est uniquement du côté du vendeur. Donc le consommateur n'a aucune garantie. Il fallait, dit-il, découvrir et introduire cette garantie dans le commerce pour s'élever du régime de la « liberté simple » à celui de la « liberté composée ».

Ce n'est pas seulement en se plaçant au point de vue du consommateur, ni même au point de vue de l'ouvrier, comme le feront après lui tous les socialistes, que Fourier condamne l'industrialisme : c'est au point de vue de tous et même des riches !

Et il résume sa condamnation dans cette parole vraiment admirable quand on pense combien elle se trouve vérifiée de nos jours :

« L'industrie, je le répète, ne peut créer que des éléments de bonheur, mais non pas le bonheur. »

Oui, elle peut créer les éléments du bonheur, par exemple fournir à l'homme les moyens de mieux vivre, de se déplacer à son gré avec une rapidité que Fourier ne pouvait pas soupçonner, quoiqu'il l'eût déjà anticipée dans ses visions apocalyptiques (1), mettre sur sa table ou dans sa maison les produits du monde entier, lui donner les merveilles du cinéma ou de la télégraphie sans fil, mais, comme le dit très bien Fourier, tout cela ce sont des éléments du bonheur, ce n'est pas le bonheur lui-même.

Ce pessimisme en ce qui concerne l'évolution industrielle, a fait école. Longtemps après Fourier, à la fin du siècle dernier, vint un homme qui n'était pas précisément un économiste, mais un artiste, un esthète, célèbre en Angleterre, John Ruskin, qui, lui aussi, comme Fourier, que d'ailleurs il n'avait certainement point lu, a dénoncé l'industrialisme et tout particulièrement l'industrie mécanique, comme le fléau de la civilisation. Il créa même une association, la Ligue de Saint-Georges, tout inspirée, comme vous le voyez d'après son nom,

(1) Voir la première leçon de ce cours.

par un esprit chevaleresque et dont les membres faisaient vœu de ne rien consommer de ce qui avait été produit par l'industrie de fabrique, mais de consommer seulement ce qui était produit par le travail à la main, seul travail qui pût être œuvre d'art parce que personnelle.

Il y a pourtant une différence, car chercher un remède aux maux de l'industrialisation dans un retour au passé, voilà qui était bien loin des vues de Fourier! c'est au contraire vers un avenir créé de toutes pièces que son imagination se précipite.

Bien moins encore est-il disposé à attendre d'une évolution naturelle et spontanée la guérison de l'ordre de choses existant, comme l'enseignaient déjà de son temps les économistes, les docteurs du « laisser-faire ».

« Déjà, dit-il, on voit des chefs d'écoles économiques dire que la science est bornée à un rôle passif et que sa tâche est limitée à l'analyse du mal existant. »

Mais Fourier les raille en disant que « ces gens-là sont comme un médecin qui dirait à un malade : mon ministère consiste à faire l'analyse de votre fièvre, et non pas à vous en indiquer les moyens curatifs. Un tel médecin semblerait ridicule; c'est pourtant le rôle que voudraient prendre aujourd'hui quelques économistes ».

A vrai dire, cet argument est sans portée, car les économistes ne seraient pas en peine de répondre que précisément ils ne sont point des médecins, que l'Economie politique n'a nullement pour objet de chercher des remèdes aux maux sociaux et que ce n'est pas aux économistes mais aux hommes d'État, aux moralistes, aux législateurs, qu'il appartient de chercher ces remèdes.

En effet, les économistes n'ont pas tort d'enseigner que la science n'a d'autre rôle que de décrire et d'expliquer ce qui est. Seulement, il faut le décrire sans parti pris et sans idées préconçues. Or, c'est ce qu'ils n'ont pas fait, généralement, ni d'ailleurs les socialistes.

§ 2. Les remèdes aux maux de l'industrialisme

Fourier ne pèche pas par la modestie. Il affirme que tous les remèdes aux maux qui viennent d'être énumérés se trouvent contenus dans son organisation phalanstérienne.

« On trouve toutes ces propriétés réunies dans le mécanisme sociétaire, dont je publie la découverte. »

Dans sa réaction contre l'industrialisme, Fourier voudrait faire de la production industrielle une annexe de la production agricole. L'industrie devrait donc se réduire à ce que sont les artisans dans les villages ou dans les petits chefs-lieux de canton, là où il y a le serrurier, le charpentier, le menuisier, le maréchal-ferrant, le maçon, le ferblantier, en un mot tous les petits métiers.

Alors une question se pose qui semble embarrassante : comment, dans sa société future, une industrie ainsi constituée, industrie qui sera limitée au quart du temps disponible, une industrie qui ne sera qu'une annexe de la production agricole, une industrie de village, pourra-t-elle suffire aux besoins de la population ?

Fourier n'eût pas été déconcerté par cette question, parce qu'il est persuadé que sous le régime sociétaire, et quand on aura réalisé toutes les conditions qu'il vient d'énumérer, le travail sera tellement intensif et le travailleur mettra tellement d'enthousiasme à l'ouvrage, que l'on ne sera pas en peine, même en réduisant les opérations industrielles à un minimum de temps, de suffire aux besoins de toute la population. Et voici où sa foi s'élève au lyrisme :

« Si nous pouvions voir du dehors une trentaine de groupes industriels se répandant dans la campagne, agitant leurs drapeaux avec des cris de triomphe, nous croirions voir des troupes de forcenés qui vont mettre le camp voisin à feu et à sang. Tels sont les athlètes qui remplaceront les travailleurs mercenaires et languissants et qui sauront faire croître le nectar et l'ambroisie sur tel sol qui ne donne que ronces aux civilisés. »

Il fait valoir aussi une autre raison de croire que l'industrie, même ainsi réduite, pourra suffire aux besoins, raison plus terre à terre mais très intéressante à noter. C'est que l'industrie s'appliquera à faire des produits beaucoup plus durables, tandis qu'à présent elle s'applique systématiquement à produire de la pacotille, à seule fin que le consommateur soit obligé de renouveler plus souvent ses habits, son linge, ou ses chaussures. Et ce renouvellement, ou plutôt ce gaspillage, est d'ailleurs accéléré par la mode qui n'a d'autre but que de persuader aux pauvres consommateurs de mettre au rebut, à chaque saison, comme les feuilles des arbres à l'automne, leurs vêtements ou leur mobilier longtemps avant qu'ils ne soient usés.

Dans le système sociétaire, l'industrie ne produira que des vêtements, des meubles, des objets très durables, inusables et qui ne seront pas sujets aux caprices de la mode. Et par conséquent, un atelier de drap, ou de vêtements, ou de chaussures, au lieu d'être obligé, comme aujourd'hui, de renouveler sa production tous les ans et plusieurs fois par an, ne la renouvellera que tous les dix ans ou tous les vingt ans. Dans ces conditions, une main-d'œuvre, même beaucoup plus restreinte, suffira parfaitement à satisfaire à tous les besoins normaux.

Cette vue de Fourier me paraît très importante. Il est certain qu'aujourd'hui, soit par l'effet de la concurrence qui pousse à fabriquer de la « camelote », soit aussi par l'effet des caprices changeants et arbitraires de la mode, il y a un gaspillage de richesses, et par là même de travail, qui est véritablement effrayant. Sans doute l'industrie peut produire aujourd'hui à bien meilleur marché qu'autrefois, mais qu'importe au consommateur, s'il doit renouveler dix fois sa garde-robe, alors que nos ancêtres ou nos grand'mères portaient le même habit toute leur vie — du moins leur bel habit — et encore quelquefois le transmettaient à leurs fils ou à leurs filles, comme on fait aujourd'hui des bijoux de famille?

Il est vrai que pour la défense de la mode actuelle, on pourrait faire voir un argument auquel Fourier n'avait pas songé, celui de l'hygiène. A ce point de vue le renouvellement rapide des articles de consommation peut apparaître plutôt comme un bien. Oui, le vêtement que, par les caprices de la mode ou peut-être par la faute des fabricants, on est obligé de changer très souvent, risque moins de devenir un nid à microbes que la vénérable robe de soie de la grand'mère ou l'habit de velours du grand-père. On pourrait même en dire autant de la vieille maison de famille qui a abrité plusieurs générations, quoique par ailleurs elle ait droit à tant de respect et constitue un des fondements de la patrie. Néanmoins, en se plaçant au même point de vue de l'hygiène, on serait en droit de penser que des maisons en papier comme naguère les maisons japonaises, qu'on abandonnait aussi facilement qu'on change de chemise et que d'ailleurs l'incendie se chargeait de mettre en cendres fréquemment, comme de vieux journaux, méritaient mieux de l'hygiène et qu'il est regrettable que le Japon soit en train d'y renoncer pour bâtir des maisons de pierre à l'européenne.

Curieuse antinomie entre des intérêts opposés : l'économie, l'hygiène, la tradition !

§ 3. Les armées industrielles

Pourtant ce serait une erreur de croire que Fourier relègue le travail industriel à de petites tâches. Quoique pour la vie normale l'industrie doive se borner à pourvoir aux besoins de la phalange, cependant Fourier admet très bien la possibilité et l'utilité de grandes entreprises, et même il propose un moyen très original pour les exécuter.

« L'association doit avoir la propriété de rassembler des armées productives, comme la civilisation en rassemble des destructives, et par opposition à l'ordre civilisé qui enrôle ses héros en leur mettant la chaîne au cou, l'ordre social doit enrôler les siens par amorce de fêtes, de plaisirs, inconnus dans l'état actuel où une armée de cent mille hommes ne connaît d'autre plaisir collectif que celui de détruire, incendier, piller, violer.

Comment les faiseurs d'utopies n'ont-ils pas rêvé aussi celle-ci : une armée de 500.000 hommes occupés à construire au lieu de détruire ? Après tout, les frais seraient beaucoup moindres pour une armée productive : en outre de l'épargne des hommes, des villes, des campagnes ravagées, on aurait encore l'épargne des dépenses d'armements et le bénéfice des travaux. C'est par défaut d'armée industrielle que la civilisation ne sait rien produire de grand et échoue sur tous les travaux de quelque étendue. Il y a eu autrefois des quantités de grandes choses, mais comment ? En voyant des masses d'esclaves qui travaillaient à force de coups et de supplices. Mais l'ordre combiné entreprendra la conquête du grand désert du Sahara : on le fera attaquer sur divers points par 10 ou 20 millions de bras, s'il est nécessaire, et à force de rapporter des terres plantées et boisées, on parviendra à humidifier le pays, fixer les sables et remplacer le désert par des régions fécondes. On fera des canaux et des rigoles d'arrosage, et les grands vaisseaux navigueront non seulement à travers les sables, mais encore dans l'intérieur des continents, comme dans la mer Caspienne; ils navigueront en Amérique de Québec aux grands lacs, enfin, de la mer à tous les grands lacs dont la longueur égale le quart de la distance à la mer. »

Nous venons d'avoir le spectacle, mieux que Fourier ne pouvait l'imaginer, des ravages exercés par les « armées destructives ». Mais on peut dire qu'on commence aussi à voir de grands travaux que rêvait Fourier réalisés par des armées industrielles. Pour le Sahara, le chemin de fer n'est encore qu'à l'état de projet, quoique déjà jalonné, mais en ce qui concerne le canal qui permettra aux navires d'arriver directement de l'Atlantique aux grands lacs de l'Amérique du Nord, il est déjà décidé.

Toutefois ces grands travaux seront exécutés sans doute comme l'ont été ceux de Suez et de Panama, sous le régime de l'entreprise, c'est-à-dire de grandes Compagnies, ou par l'Etat, comme à Panama, embauchant des milliers de salariés, tandis que par « armées industrielles » Fourier entend des armées de volontaires apportant leurs bras à quelque grande œuvre d'utilité nationale ou internationale. Et il ajoute aussi, dans son imagination un peu puérile, tout l'appareil décoratif des armées, drapeaux, musiques, uniformes, galons. Une telle idée peut paraître extravagante, et pourtant voici un pays, un petit pays qui n'a pas joué un grand rôle dans l'évolution économique et sociale, le voici en train de faire cette expérimentation, quoiqu'il soit peu probable qu'on y ait lu Fourier. C'est la Bulgarie; elle a décrété la conscription économique; c'est-à-dire que tout homme, à partir de l'âge de 21 ans, devra une année de travail à la patrie et chacun, suivant ses aptitudes intellectuelles ou manuelles, sera employé à des travaux d'utilité publique; d'où résulterait une grande économie pour l'Etat puisque ces travaux ne seront pas payés; ils seront faits à titre de service national.

Cette mesure est si extraordinaire qu'elle a éveillé les susceptibilités des grandes puissances : elles se sont demandées s'il n'y avait pas là une espèce de service militaire déguisé et une façon de tourner l'article du traité de paix qui limite l'effectif de l'armée bulgare. Mais le gouvernement bulgare a protesté de l'innocence de ses intentions.

Je vous fais remarquer cependant que l'expérimentation bulgare ne répond pas tout à fait à l'idée fouriériste, parce que Fourier dans ses armées industrielles ne voulait pas du tout de la conscription. J'ai dit à différentes reprises, je ne saurais trop le répéter, qu'il avait la haine de toute contrainte, il ne voulait absolument faire appel qu'à la bonne volonté; il pensait que le travail, une fois qu'il aurait été organisé sur les bases que j'ai indiquées, serait assez attrayant pour permettre de recruter cette armée industrielle sans recourir au service obligatoire. Malheureusemnt c'est ici qu'il s'égare. Quand il s'agit de se battre, de s'entretuer, on trouve encore assez facilement des volontaires — quoique pourtant pas en nombre suffisant quand il faut compter par millions, l'expérience de l'Angleterre vient de le démontrer — mais quand il s'agit de travailler la terre ou de rebâtir des maisons, c'est tout à fait chimérique; il y a toujours eu chez les hommes moins d'enthousiasme pour les travaux de la paix que pour ceux de la guerre et il est douteux que l'homme de demain soit différent.

Et pourtant je me suis demandé si cette idée n'aurait pas pu être utilisée pour la reconstitution de nos régions dévastées ? J'ai souvent exprimé le regret qu'au jour de l'armistice, quand il y avait sur les lieux, de part et d'autre, 8 millions d'hommes armés, encadrés, nous n'ayons pas dit aux Anglais et aux Américains : « Maintenant que la guerre est gagnée, tout n'est pas fini ! vous n'allez pas laisser la maison que vous avez sauvée dans l'état où elle est. Avant de vous séparer, vous allez nous aider à la reconstruire. » Et, bien entendu, ce même devoir eût incombé à plus forte raison à ceux qui avaient détruit la maison, aux armées allemandes. Eh bien, si cette immense armée, la plus grande que la guerre ait jamais rassemblée, eût été employée à cet œuvre expiatoire, c'eût été le plus grand spectacle que le Monde eût jamais vu, et je dirai presque la rédemption de cette guerre. Et il eût été facile de trouver dans cette armée toute la main-d'œuvre nécessaire pour fournir un travail utile, puisque le plus grand nombre de ces mobilisés étaient tous des ouvriers venus des campagnes ou des usines. C'eût été aussi la solution du problème des réparations qui est en train de ruiner l'Europe. Et c'eût été le remède préventif au chômage qui désole l'Angleterre et l'Amérique.

§ 4. Le commerce dans le phalanstère

Avant de fermer ce chapitre sur le travail industriel, disons quelques mots de ce qui lui est connexe, le commerce.

Si Fourier, quand il s'agit de l'industrie, la réduit à la portion congrue en lui réservant un quart du temps disponible, c'est bien pis quand il s'agit du commerce ! Il n'en veut plus du tout. Pour l'industriel, c'était simplement la limitation, mais pour le commerçant c'est l'élimination. Fourier avait horreur des marchands.

Dans les premières leçons de ce cours, quand je vous ai parlé des doctrines sur le juste prix, j'ai indiqué que la doctrine des canonistes du moyen âge c'était la haine du marchand. Eh bien, Fourier avait hérité de cette même haine, mais ce n'était pas parce que chrétien, c'était par son expérience personnelle, parce qu'il avait été lui-même marchand pendant toute sa vie et qu'il avait gardé une rancœur incurable de tout ce qu'il avait fait et de tout ce qu'on lui avait fait faire. Il rappelle plusieurs fois dans ses écrits avec quel dégoût il avait été obligé d'exécuter l'ordre qu'on lui avait donné de jeter à la mer, à Marseille, toute une cargaison de riz, que les marchands avaient laissé s'avarier dans l'attente d'une plus-value qui n'était pas venue, fait dont on pourrait citer aujourd'hui des exemples nombreux et sur une autre échelle que celui-ci.

Fourier, donc, détestait les marchands. Il en donne des définitions qui sont toutes aussi peu flatteuses que possible, dont voici l'une notamment : « Le commerçant est un corsaire industriel vivant aux dépens du manufacturier, du producteur. »

Nous dirions plutôt aujourd'hui aux dépens du consommateur.

Comme il est à remarquer que tout le temps la haine des marchands a été associée à celle des Juifs, Fourier n'a pas dérogé à la règle : il est violemment antisémite, nullement à un point de vue religieux, mais parce qu'il voyait dans le Juif le type du trafiquant.

D'ailleurs le commerce se trouve éliminé de lui-même si l'on suppose son régime réalisé. En effet, il est bien évident que dans le phalanstère, la vie commune exclut toute possibilité d'échange. Dans ce phalanstère où l'on fait table commune, où tout le monde vit ensemble, qui n'est, suivant son expression même, qu'un ménage agrandi, qu'un sur-ménage de 500 ménages, il ne peut plus y avoir ventes ou achats qu'il n'y en a dans l'intérieur de la famille, entre mari et femme, entre père et enfants.

Que resterait-il alors comme sphère possible pour le

commerce, en supposant le régime fouriériste généralisé? Simplement les échanges entre les différentes associations, entre les phalanstères. Chaque phalange, pour se procurer les denrées qu'elle ne produira pas elle-même dans son domaine, les demandera aux autres, et il s'établira un commerce, que je n'ose qualifier d'international, parce que le mot serait trop ambitieux, appliqué à un commerce entre petites agglomérations de quinze cents ou deux mille personnes, mais qu'on pourrait appeler commerce intercommunal ou interlocal, et qui, précisément parce qu'il sera fait par des groupes et non pas par des individus, serait peut-être moins vicié par les intérêts individuels et par l'interposition des intermédiaires, Le commerce de phalange à phalange se ferait par la voie du troc, c'est-à-dire l'échange en nature de marchandises. C'est bien ainsi, au dire des économistes, que se fait le commerce international lui-même, mais non sans perturbations extrêmes qui se manifestent comme nous le voyons en ce moment par la crise des changes.

Cet échange serait d'ailleurs réduit relativement à peu de chose, parce que les phalanges devraient, autant que possible, être autarchiques, c'est-à-dire produire à peu près tout ce qu'elles consommeraient et consommer tout ce qu'elles produiraient. Chaque phalange bornerait ses achats aux denrées tout à fait exotiques, ou à celles auxquelles son terrain ne conviendrait pas. Et elle bornerait ses ventes aux excédents qu'occasionnellement elle ne pourrait consommer.

Le commerce individuel ne serait pourtant pas totalement éliminé sous le régime sociétaire, mais il serait réduit à sa plus simple expression, en sorte, dit Fourier, qu'au lieu de compter, comme aujourd'hui, un commerçant pour dix personnes, on n'en compterait plus que un pour cent, ce qui représenterait une énorme économie.

Cette vision du commerce à venir peut paraître puérile; elle est cependant pleine d'intérêt pour nous parce qu'elle représente précisément le régime commercial auquel tend le mouvement coopératif, à savoir le commerce international remis entre les mains de ces Fédérations coopératives qui sont les Magasins de Gros (2).

II

LE TRAVAIL SALARIÉ

§ 1. Les disgrâces du salariat

La question du salariat tient la première place dans l'œuvre de Fourier; ce qui est bien remarquable, car elle ne préoccupait guère ses contemporains.

Il faut d'abord bien définir ce qu'on entend par salariat : qu'est-ce qui caractérise le travail salarié? Si vous considérez un paysan qui cultive la terre dont il est propriétaire et porte au marché les produits de son champ, légumes, fruits, beurre ou volailles, et qui en touche le prix, vous avez là le type du travailleur libre, autonome, celui qui n'est pas salarié parce qu'il gagne sa vie par la vente au public des produits de son travail. Mais si ce paysan a à son service un journalier, comme on l'appelle, qu'il paie tant par an ou par jour, n'importe, pour l'aider à cultiver sa terre, en ce cas, celui-ci est bien un salarié. En quoi sa condition diffère-t-elle de celle du propriétaire ou fermier qu'il appelle le maître? Elle diffère en ceci que le journalier renonce à tout droit de propriété sur le produit de son travail et, par conséquent, au droit de le vendre sur le marché et d'en toucher le prix, et reçoit en retour un autre prix qui est le salaire, prix déterminé par un marchandage avec le maître. C'est, comme on dit, un contrat à forfait; il en résulte que le travailleur est désintéressé du résultat de l'entreprise; que l'année soit bonne ou mauvaise, que le propriétaire s'enrichisse ou se ruine, ce n'est plus son affaire, il a été payé.

---

(2) Voir la dernière brochure du cours sur le *Juste Prix*.

Ce n'est donc pas une différence hiérarchique de grade ou de situation sociale, ni une différence quantitative comme argent touché, qui différencie le salarié du travailleur libre, car il se peut que celui-ci soit un pauvre homme et le salarié un homme très riche. Le directeur d'une grande Compagnie ou d'une Banque qui touche 100.000 francs par an, ou le manager d'un trust américain qui touche 100.000 dollars, n'est qu'un salarié, mais le camelot qui tous les soirs crie le journal dans les rues n'est pas un salarié, c'est un travailleur libre; il a acheté un cent de journaux et les revend au public; il a ses clients.

Ce qui caractérise donc le salarié, ce qui le différencie du travailleur libre, c'est que celui-ci vend les produits de son travail au public, à ses clients, tandis que le salarié vend son travail à un maître; il n'a, si l'on veut, qu'un unique client, qui est le patron.

Et que résulte-t-il de cette différence de situation? C'est que le travailleur autonome, grand ou petit, que ce soit le grand entrepreneur ou le petit marchand de journaux, court la chance de gagner ou de perdre; le marchand de journaux, le jour où il y a une grande nouvelle, bataille, beau crime ou élections, vend tous ses journaux et gagne beaucoup d'argent; d'autres jours il n'en vendra pas — tandis que, au contraire, le salarié, lui, n'a rien à vendre, car il a vendu, dirais-je, sa personne et n'a rien à attendre que de l'employeur qui lui a donné le travail et qui peut le lui retirer.

Les économistes enseignent que le fait d'être travailleur salarié a de grands avantages; vous pensez bien, en effet, que si ce régime n'avait pas de fortes raisons d'être, il ne se serait pas généralisé à des millions et millions d'exemplaires jusqu'à devenir le régime normal de la grande majorité de nos semblables. L'avantage, dit-on, c'est précisément le fait de ne pas avoir à courir de risques et de pouvoir compter sur un revenu fixe, ce qui est en effet un grand bienfait surtout pour celui qui n'a que le nécessaire pour vivre. Je veux bien. Toutefois, il y a une certaine ironie à assimiler la situation du prolétaire devenu salarié à celle du rentier, par exemple, qui, ayant de l'argent à placer, préfère le placer en obligations plutôt qu'en actions, afin de ne pas courir de risques et de s'assurer un régime fixe. En fait, le prolétaire n'a pas le choix entre devenir salarié ou producteur libre : il est salarié parce qu'il ne peut être autre chose, tout simplement. Ce n'est pas une balance d'avantages ou d'inconvénients qui détermine un homme à être salarié ou non, c'est la nécessité. Pour être travailleur libre il faut avoir un capital, grand ou petit, parce qu'on ne peut créer une entreprise quelconque sans avoir une certaine avance, n'importe laquelle : même le marchand de journaux, dont je parlais, doit avoir l'argent nécessaire pour acheter sa provision quotidienne de journaux. Or, le plus grand nombre des hommes n'ont pas d'avances et, par conséquent, n'ont pas la liberté du choix.

Les conséquences de cet état de choses ne peuvent être que funestes, tant pour le bonheur des salariés que pour le rendement de leur travail. Voici comment Fourier décrit le régime du travail salarié: « Il est fort bien dit dans l'Ecriture que le travail est une punition de l'homme, Adam et ses rejetons sont condamnés à gagner leur pain à la sueur de leur front, voilà déjà une disgrâce. Mais ce travail d'où dépend le pain, notre misérable pain, nous ne l'obtenons même pas : un ouvrier manque souvent de ce travail dont dépend sa subsistance. Voici une seconde disgrâce, celle de n'obtenir qu'un travail dont le fruit est pour le maître et non pour lui. L'ouvrier essuie une troisième disgrâce par les maladies dont le frappe l'excès de travail qu'exige ce maître. Puis une autre, d'être méprisé et traité de gueux parce qu'il manque de ce nécessaire qu'il consent à acheter par un travail répugnant. Il essuie une autre persécution en ce qu'il n'obtiendra ni avancement ni salaire suffisant et qu'à l'ennui d'une souffrance présente se joint la perspective de souffrances futures et d'être envoyé au gibet quand il réclamera ce travail qui peut lui manquer le lendemain. »

Et Fourier continue : « Pourtant le travail fait les délices de certaines créatures comme le castor, qui sont pleinement libres de préférer l'inertie, mais Dieu les a pourvus d'un mécanisme social qui attire à l'industrie et fait trouver le bonheur dans le travail. Pourquoi ne nous aurait-il pas accordé les mêmes bienfaits? Quelle différence entre leurs conditions et la nôtre? Les Anglais et les Français travaillent par crainte de la famine qui talonne leurs pauvres ménages. Les Grecs et les Romains, dont on a vanté la liberté, travaillaient par esclavage, par crainte des supplices, comme aujourd'hui les nègres dans les colonies. Le travail sociétaire peut exercer une forte attraction sur le peuple mais devra différer en tous points des formes qui le rendent si odieux dans l'état actuel des choses. »

Reste à savoir quels sont les moyens pour transformer le travail rebutant en travail attrayant?

Voici quelles sont, d'après Fourier, les conditions à remplir et qui le seront sous le régime sociétaire. Vous remarquerez dans l'énumération que je vais vous donner des règles qui sont déjà entrées dans la pratique industrielle. D'autres, au contraire, ont été évidemment rejetées de l'expérience. Je vais passer rapidement en revue les unes et les autres.

§ 2. Les conditions nécessaires pour transformer le salariat

Le première condition pour que le travail soit attrayant c'est qu'il soit situé dans un milieu attrayant, agréable, en dispersant les ateliers industriels dans les campagnes, au lieu de les agglomérer dans les villes, dans ces hideuses cités ouvrières qui commençaient à peine du temps de Fourier et ont pris depuis lors un sinistre accroissement.

Cette préoccupation de désurbaniser l'industrie et de décongestionner les villes est déjà fort remarquable pour avoir été formulée il y a cent ans.

Mais ce n'est pas tout. Il faut que l'atelier présente à l'ouvrier « l'aspect de l'élégance et de la propreté ».

J'appelle votre attention sur ce point, qui est vraiment admirable, car je vous prie de croire qu'à l'époque de Fourier personne parmi les industriels n'avait souci de faire des fabriques propres, élégantes, agréables pour ceux qui y travaillaient. C'est une préoccupation qui n'est venue que très longtemps après, dans la seconde moitié du XIXe siècle, et qui a fait surgir alors en Angleterre et aux Etat-Unis ces admirables fabriques dans lesquelles on recherche tout ce qui pourra rendre le travail plus agréable, en offrant à l'ouvrier un milieu non pas seulement propre mais élégant, comme le voulait Fourier : avec des bibliothèques roulantes que l'on fait circuler pour que dans les intervalles de travail les ouvriers puissent choisir les livres qui leur conviennent, avec des salons de repos, avec des jardins, avec des appareils de sports, avec des pianos, là du moins où il y a des femmes ouvrières, avec sièges étudiés pour le maximum d'aise, et, naturellement, des vestiaires où les ouvriers et ouvrières prennent et laissent leurs vêtements de travail, avec lavabos, douches et bains. Mais ces fabriques, telles que celles dont Fourier avait la vision, elles sont encore presque inconnues en France. Et même les industriels qui voudraient se régler sur ces modèles risqueraient d'être tournés un peu en ridicule non seulement par des industriels, mais par les ouvriers eux-mêmes.

Cette transformation de l'industrie suppose en effet une transformation préalable de la mentalité des travailleurs. Elle suppose que l'ouvrier appréciera les dépenses qui auront été faites à cet effet. Les industriels américains qui ont inauguré dans leurs fabriques ce luxe splendide ne le font pas uniquement par philanthropie, ou moins encore par sentiment d'esthétique. Ils disent que « cela paie » : c'est l'expression américaine. Ils veulent dire que leurs ouvriers comprennent qu'on les regarde comme des hommes et non comme de simples instruments de production, et qu'ils savent reconnaître cette façon dont on les traite en apportant au travail un goût nouveau et une conscience nouvelle.

Chez nous, c'est en dehors de son travail et pour s'en libérer que l'ouvrier cherche son plaisir; il ne lui viendrait pas à l'idée de le chercher dans l'atelier.

Seconde condition. Il faut « que la division du travail soit portée au suprême degré, afin d'affecter chaque sexe et chaque âge aux fonctions qui lui soient convenables. »

Peut-être êtes-vous surpris de voir la division du travail — qui est dénoncée généralement comme la principale cause de l'ennui, de la monotonie et de la dégradation qui afflige la classe ouvrière sous le régime de la grande industrie — mise par Fourier parmi les conditions essentielles du travail attrayant et même intensifiée! Oui, sans doute, mais la division du travail telle que l'imagine Fourier — organisée par séries et par courtes séances — comporte un double correctif : celui de la brièveté et celui de la variété des occupations. Je ne discute pas la question de savoir si une telle organisation serait praticable — je dirai tout à l'heure que je ne le crois pas — mais je veux seulement écarter le reproche de contradiction qui viendrait naturellement à la pensée. Le travailleur appelé à faire un grand nombre de métiers, mais ne consacrant à chacun que peu de temps, deviendrait par là un spécialiste technicien en beaucoup de branches, c'est-à-dire un polytechnicien, en prenant ce mot au sens étymologique.

La division du travail, au sens fouriériste, loin d'engendrer la monotonie, s'accorde avec ce que Fourier appelait la papillonne.

Troisième condition : « Que les séances industrielles soient variées environ huit fois par jour, l'enthousiasme ne pouvant se maintenir plus d'une heure et demie ou deux heures dans l'exercice d'une fonction agricole ou manufacturière. Qu'elles soient organisées par des compagnies d'amis, spontanément réunis, intrigués et stimulés par des rivalités très actives. »

C'est l'organisation par séries, dont j'ai parlé à propos de l'agriculture. J'ai expliqué que chaque série devait se consacrer à un objet strictement déterminé, de façon à donner satisfaction à la fois à l'esprit d'émulation qu'il appelle la cabaliste, et au goût du changement qu'il appelle la papillonne.

Dans ce plan d'organisation du travail il y a assurément des anticipations heureuses et que l'expérience a confirmées. Si Fourier avait pu voir la réalisation de la journée de huit heures, évidemment il aurait applaudi. Mais le régime des courtes journées n'est pas du tout la même chose que le système fouriériste des « courtes séances » qui doivent se succéder dans la même journée avec changement, chaque fois, de travail. La courte journée a pour but de laisser au travailleur le temps nécessaire pour vivre de la vie de citoyen, de père de famille, d'homme doué d'intelligence. Mais autant ce souci est légitime, autant le système de couper la journée en petites tranches paraît pratiquement absurde. Une des lois psychologiques du travail, c'est la perte de temps qu'implique chaque mise en train dans tout travail manuel et même, nous le savons aussi, dans tout travail intellectuel; qu'il s'agisse de se mettre à son bureau pour écrire un article ou préparer un examen, les premières minutes sont difficiles et plus ou moins perdues. Si vous avez cinq ou six séances dans la journée, à chacune des reprises il faudra de nouveau s'entraîner pour un travail nouveau et, à la fin de la journée, cela représenterait un nombre de minutes gaspillées presque égal au nombre de minutes utilisées.

Si vous mettez en regard de cette idée puérile, on peut le dire, de Fourier, le système dont tout le monde parle aujourd'hui, le système Taylor qui consiste, au contraire, à régler le travail dans la journée de telle façon qu'il n'y ait pas une seconde de perdue, ce qu'on appelle le travail chronométré où chaque mouvement de l'ouvrier doit être fait avec une précision absolument mécanique, vous apprécierez la différence entre une méthode imaginative et une scientifique.

J'ajouterai que même au point de vue qui préoccupe Fourier, c'est-à-dire au point de vue du travail attrayant, il n'y a pas un véritable attrait dans le fait qu'une sensation change et revient périodiquement. L'élève dans les lycées, qui sait qu'il aura une leçon de grec tous les lundis, d'histoire tous les mardis et de mathématiques tous les mercredis, ne trouve pas que ce soit plus divertissant : absolument pas. Ou le pensionnaire à une table d'hôte qui sait que chaque jour de la semaine tel plat reviendra, le veau, les macaronis, la compote, n'y goûte aucune espèce de plaisir : il n'y a rien de plus lassant, au contraire, qu'une variété uniforme dans sa périodicité.

Mais laissant de côté cette erreur des courtes séances, je crois cependant qu'il y aurait quelque chose à retenir, à savoir que la division du travail n'implique pas que l'homme devra toute sa vie faire le même métier et qu'au contraire on peut bien se spécialiser en plusieurs genres de travaux sans perdre au point de vue de l'habileté technique. Et même ce sera peut-être une ressource précieuse pour un travailleur d'avoir, comme on dit vulgairement, plusieurs cordes à son arc.

On voit en Amérique des hommes qui ont fait je ne sais combien de métiers, qui ont fini même par être Président de la République, sans que ces changements aient diminué aucune de leurs facultés; au contraire, Et cette aptitude à exercer plusieurs métiers est précisément un des avantages que l'on attend de l'éducation technique professionnelle.

En Russie, presque tous ceux qui sont ouvriers agricoles en été deviennent ouvriers industriels pendant l'hiver parce qu'en cette saison on ne peut travailler la terre; il y a de grands avantages à ce dédoublement du travail.

Une quatrième condition c'est que « dans la distribution des tâches, chaque homme, femme ou enfant, jouisse pleinement du droit au travail et du droit d'intervenir en tout temps à telle branche de travail qu'il lui conviendra de choisir ».

Le droit « d'intervenir », c'est-à-dire le droit de contrôle du travailleur sur l'organisation de son travail, le droit de n'être plus un simple instrument : « hands », disent les Anglais des travailleurs, ce ne sont que des « mains ». Eh bien, ce droit de contrôle du travailleur, qui est devenu aujourd'hui la revendication essentielle de tous les syndicats — mais qu'on n'est pas encore disposé à leur reconnaître, tant s'en faut — se trouve, sinon intégralement, du moins clairement indiqué dans le texte que je viens de vous lire.

Une cinquième condition, c'est que le travail soit fait sous le régime non plus du salariat, mais de l'association. Ici, il faut s'arrêter, parce que nous sommes en présence d'une thèse d'une immense portée : la substitution du travail associé au travail salarié.

Nous avons vu en effet que le caractère essentiel du salariat, à la fois juridique et économique, c'est que quiconque s'engage comme salarié renonce par là même à tous droits sur le produit de son travail, lequel appartiendra au patron. Eh bien, c'est là, d'après Fourier, le vice essentiel du salariat; il faut que le travailleur, pour que le travail puisse être attrayant, ait la certitude de recueillir les fruits de son travail, sinon en nature comme le paysan — ce n'est pas toujours possible ni désirable — tout au moins en équivalent.

Mais comment en arriver là? On ne peut remplacer le régime du travail salarié d'une façon complète que par la généralisation de la propriété, c'est-à-dire par un régime dans lequel, chacun étant devenu propriétaire ou capitaliste, chacun pourrait s'établir pour son propre compte et par conséquent n'aurait pas besoin de louer ses bras comme salarié. Cet idéal là est caressé encore par une certaine école, par les partisans des classes moyennes : ceux-là pensent que l'on pourrait réaliser un régime dans lequel la propriété serait assez divisée et assez multipliée pour que chacun pût avoir une part suffisante pour suffire à ses besoins. Mais c'est là un régime aujourd'hui tout à fait dépassé par l'évolution économique, car il implique la petite industrie, la petite production. Et, même au point de vue socialiste, il est aussi haïssable que le régime capitaliste de la grande industrie, parce qu'il tend à développer au maximum le sentiment individualiste, comme nous le voyons chez le paysan dans tous les pays où ce régime est réalisé.

Alors, si on ne veut plus du salariat, et que pourtant on ne puisse songer à le remplacer par la généralisation de la petite entreprise individuelle, il ne reste plus qu'une ressource : c'est l'entreprise par voie d'association entre les travailleurs co-propriétaires, autrement dit, l'association coopérative de production.

Ceci est un lieu commun aujourd'hui, mais ne l'était pas du temps de Fourier. Eh bien, il avait vu parfaitement cette alternative; écoutez : « Il ne peut exister que deux modèles dans l'exercice d'industries; savoir, l'état morcelé, ou culture par famille isolée, telle que nous la voyons — ou bien l'état sociétaire. Dieu, comme sage distributeur, n'a pas pu spéculer sur l'emploi des isolés, car l'action individuelle porte en elle-même ses germes de désorganisation dont chacun suffirait à lui seul pour engendrer une foule de désordres. »

« Tel qui paraît fainéant quand il travaille pour le compte d'autrui, du moment où une association lui a inoculé l'esprit de propriété, de participation, devient un prodige de diligence. On dit de lui : ce n'est plus le même homme, on ne le reconnaît plus. Pourquoi ? c'est parce qu'il est devenu propriétaire, son émulation est d'autant plus précieuse qu'il opère pour une masse d'associés et non pour lui seul, comme un petit cultivateur qui n'est autre chose qu'un égoïste.

« L'influence émulative de l'association, déjà remarquable dans l'état actuel, sera bien autrement puissante dans l'harmonie. »

Sa fameuse phalange n'est pas autre chose qu'une association coopérative de travailleurs qui sont tous propriétaires collectivement des instruments de leur travail, de la terre, des machines, des ateliers, dans lesquels ils travaillent, qui dirigent l'entreprise tous en commun dans leurs assemblées de sociétaires, et qui en recueillent tous en commun les fruits. Ce n'est point à dire qu'ils versent les produits dans une masse commune, mais qu'ils se les partagent suivant certaines règles extrêmement compliquées sur lesquelles nous reviendrons dans une autre leçon.

« Sous ce régime-là, dit-il, disparaissent à la fois les

inconvénients du salariat et les inconvénients de l'entreprise individuelle isolée. Un ouvrier en harmonie ne possèdera-t-il qu'une parcelle d'action, 1/20, est propriétaire et compte en entier en participation : tout est sa propriété, il est intéressé à tout l'ensemble du mobilier et du territoire. »

§ 3. La garantie du minimum d'existence

Enfin il y a une dernière condition, que Fourier désigne dans son texte par un X majuscule couché horizontalement, ce qui, dans le grimoire de Fourier, signifie la condition « pivotale » ou essentielle. Cette condition pivotale c'est que le peuple, dans ce nouvel ordre social jouisse d'une garantie de bien-être, d'un minimum suffisant pour le temps présent et à venir.

Fourier n'exagère pas en attribuant à ce principe, la garantie d'un minimum d'existence, une importance capitale. En effet il ne s'agit pas seulement de ce que nous appelons aujourd'hui le salaire minimum, c'est-à-dire l'obligation imposée par la loi aux entrepreneurs de certaines industries, de payer à leurs ouvriers un salaire suffisant pour les faire vivre. La garantie du minimum dans le régime phalanstérien serait bien autre chose !

Pour la comprendre il ne faut rien moins que résumer l'histoire du travail. L'histoire du travail montre qu'il n'a jamais connu d'autre mobile que la contrainte, contrainte qui s'est exercée, il est vrai, sous des formes successives de plus en plus atténuées.

Dans le monde antique et sous le régime de l'esclavage, c'était une contrainte extérieure et s'exerçant par le fouet ou le bâton; celle-là a disparu de nos sociétés civilisées, ou du moins ne s'exerce plus que comme régime pénitentiaire, que l'on appelle d'une façon significative la condamnation aux « travaux forcés »; même là pourtant la contrainte ne s'exerce plus par le fouet, mais par la mise en cellule, la privation d'aliments.

Même pour l'homme libre, il y a eu d'abord la contrainte de la nécessité, de la pression des besoins, de la loi naturelle mais inéluctable qui veut que l'homme ne puisse vivre que par son travail — ou en faisant travailler d'autres pour lui. Naturellement, tous ceux qui l'ont pu, c'est-à-dire les plus forts, ont préféré ce second parti et ils ont forcé d'autres hommes à accomplir à leur place la dure loi. Ils se sont fait remplacer, comme autrefois on se faisait remplacer pour le service militaire.

Mais à cette forme de contrainte en a succédé une moins brutale mais non moins efficace : le prolétaire devenu libre, devenu libre de ne rien faire mais alors de mourir de faim, a été obligé de louer ses bras à un capitaliste pour gagner son pain, et voici précisément le régime du salariat. La contrainte a changé de caractère, mais c'est toujours la contrainte.

Or, tant que le travail a fonctionné sous la première forme, celle du travail esclave, du travail sous le bâton, il n'a jamais donné, il faut le dire à l'honneur de la nature humaine, qu'un rendement dérisoire. C'est d'ailleurs pour cette raison et non pas précisément par philanthropie que ce régime a peu à peu disparu du monde.

Sous le second régime le travail a certainement donné des résultats supérieurs ; cependant l'homme qui ne travaille que par nécessité et pour gagner son pain, le salarié en un mot, ne donne aussi qu'un travail médiocre, singulièrement inférieur au rendement du travail libre.

En effet, l'intérêt de la propriété faisant défaut au salarié, quels stimulants resteront pour le déterminer à bien travailler ? Il n'y a plus que l'un ou l'autre de ces deux mobiles : ou la crainte d'être congédié, ou la conscience professionnelle, l'honneur du travail. Mais par le premier de ces deux mobiles, la crainte d'être congédié, on n'obtiendra jamais du travailleur que le rendement minimum juste suffisant pour éviter la sanction. Et quant à l'autre mobile, la conscience professionnelle, il n'y a jamais eu malheureusement qu'une élite à le ressentir et il faut bien avouer qu'elle va diminuant au fur et à mesure que l'esprit de révolte contre le régime économique actuel empoisonne les rapports entre mattres et ouvriers et tend à faire de tout travailleur un révolté. Voilà pourquoi le régime du salariat est un régime qui, au point de vue économique et non seulement au point de vue social, ne semble pas pouvoir se maintenir longtemps sans entraîner tôt ou tard la guerre sociale et, en attendant, l'appauvrissement progressif du pays par la stérilisation du travail. Mais rien de tous ces dangers ne pouvait encore se prévoir à l'époque où Fourier les a dénoncés.

Il ne s'est pas borné à les dénoncer : il a indiqué le remède qui, d'après lui, devait changer le caractère du travail en le rendant vraiment libre, c'est-à-dire toujours volontaire : ce remède ce sera la garantie d'un minimum d'existence. Personne dans le phalanstère ne sera contraint au travail, ni par la force, cela va sans dire, ni même par la faim, par la pression du besoin, puisque la satisfaction de ces besoins sera assurée à tous, dans les limites du nécessaire — même à ceux qui se refuseront à travailler. Mais Fourier est convaincu que personne ne voudra plus s'y refuser précisément à partir du jour où chacun pourra s'y refuser.

Voilà pourquoi sera affiché dans le phalanstère ce réglement que tout homme aura sa place à la table, non pas, il est vrai, à la table de première catégorie, mais à une table suffisante pour vivre.

Fourier n'applique donc pas, vous voyez, le principe, énoncé pourtant déjà par saint Paul et que la Nature elle-même semblait imposer : « Celui qui ne travaille pas ne doit pas manger. »

§ 4. Les petites hordes

Pour compléter ce tableau de l'organisation du travail dans le phalanstère, voici un dernier trait, assez excentrique. Fourier avait remarqué que, malgré toutes ces visions du travail attrayant, il aurait beau faire, il y aurait toujours certains travaux désagréables, répugnants, tels que travaux de nettoyage, de propreté, de vidange. Alors que faire ? Contraindre une certaine catégorie de sociétaires à les exécuter à tour de rôle ? Non, jamais de contrainte. Alors, obtenir leur exécution du consentement des sociétaires, en payant ces travaux à un taux assez élevé pour contrebalancer la répulsion qu'ils inspirent ? Non plus ! Fourier ne veut pas dégrader le travail en forçant un homme, par amour de l'argent, à exécuter une tâche qui lui répugne. C'est alors que lui est venue à l'esprit cette idée qu'il pourrait trouver des volontaires parmi les enfants, les enfants qui se plaisent à tripoter des choses sales, à moins d'une éducation très raffinée, et à qui on est toujours obligé de dire : Tu vas te tacher! Ne te salis pas! — Fourier au contraire dit : les civilisés, les éducateurs, les parents, ne savent pas ce qu'ils font en grondant les enfants parce que ceux-ci sont toujours sales! Il faut au contraire utiliser cet instinct-là : c'est Dieu qui le leur a donné, aussi bien que le goût du sucre dont nous avons parlé dans une précédente leçon. Il faut l'utiliser pour le bien de la société en organisant ce qu'il appelle des petites hordes, qui auront en charge précisément tous ces travaux sordides.

« L'association sait mettre à profit ce penchant de l'enfance : elle sait employer le jeune âge aux postes répugnants : aujourd'hui, ces répugnances sont surmontées à prix d'argent, mais elles devront être surmontées par attraction dans un ordre de choses où le plaisir sera le ressort essentiel du mécanisme social. »

Et alors il explique que la manie de saleté, si fréquente chez les enfants, est un don de nature mais informe comme le fruit sauvage; il faut le raffiner en y appliquant les deux ressorts, l'esprit religieux et l'honneur corporatif : « Longtemps, je commis la faute de blâmer ce ridicule des enfants et de chercher à le faire disparaître dans le mécanisme des séries passionnées : c'était agir en gens qui veulent changer les œuvres de Dieu. Je n'obtins de succès que lorsque je pris le parti de spéculer, chercher à utiliser les penchants de l'enfance tels que la nature les donne. »

Les « petites hordes » seront toujours sur pied, dès 3 heures du matin, nettoyant les étables, pansant les animaux, travaillant aux boucheries où ils veillent à ce que jamais on ne fasse souffrir aucun animal que l'on mettra à mort; les petites hordes auront aussi parmi leurs attributions la réparation des grandes routes, les entretiens d'arbres, etc.

Tout en souriant de telles extravagances, on ne peut s'empêcher d'être touché de cette préoccupation, éminemment morale en un sens, de faire exécuter des travaux répugnants sans recourir à la contrainte ni à l'appât du gain.

La solution proposée est, il est vrai, immorale, car s'il est exact que les enfants aient instinctivement un certain amour pour la saleté, il serait immoral assurément de cultiver et d'exploiter cet instinct, même pour s'en servir dans un but d'intérêt social : ce serait une déplorable éducation.

Mais tout en laissant de côté cette idée de développer chez les enfants le goût de ce qui est sale et répugnant, nous pouvons retenir des divagations de Fourier cette leçon pédagogique : cultiver chez les enfants le goût du travail manuel qui est si intense chez presque tous mais disparaît de trop bonne heure chez les grandes personnes. Là il pourrait y avoir quelque chose à faire.

On peut voir une application des idées de Fourier dans l'organisation des *Boy's Scouts* ou Eclaireurs, qui d'Amérique est venue en France et a tant de succès dans notre jeunesse. Et bien mieux encore dans une institution toute récente que nous devons au même pays qui a créé les armées industrielles, dont nous avons parlé tout à l'heure, à la Bulgarie.

Voici tout un numéro de *L'Echo de Bulgarie* qui porte en manchette ce titre : « La semaine scolaire du travail obligatoire. » Nous y lisons les déclarations suivantes du Ministre de l'Instruction publique : « Par une circulaire, j'ai fixé pour les élèves et les maîtres d'école de tous les établissements scolaires une semaine de prestation du travail pendant laquelle toutes les jeunes filles et garçons des écoles auraient à accomplir un travail obligatoire. » Cette semaine a été réalisée du 22 au 29 mars de l'année dernière (1921). « Personnellement, dit le Ministre, j'ai vu des petits enfants porter des petits sacs de cailloux et du sable pour paver la cour de leur école, bêcher pour niveler un jardin, faire même des sacrifices pécuniaires pour acheter de quoi badigeonner les parloirs et les salles de classe. J'ai vu laver, nettoyer, badigeonner, et cela même par des enfants qui n'ont jamais fait pareil travail chez eux, qui n'ont jamais touché un balai, et qui maintenant faisaient tout avec plaisir, avec joie, en chantant et en pensant que leurs parents ne pourraient qu'en être contents. »

Le Ministre de l'Instruction publique considère qu'en ce moment où tous les citoyens adultes de « l'armée industrielle » sont convoqués, au nom d'un idéal social, à effectuer une prestation de travail obligatoire, il sera d'une importance considérable pour l'éducation de voir l'école appeler ses pupilles à un travail commun.

Fourier aurait exulté en lisant ces pages! Et les quatre pages du journal sont uniquement remplies du compte rendu des travaux faits par les enfants pendant cette semaine scolaire. La valeur matérielle de ce qui a été fait ainsi est évaluée à une centaine de millions de francs, mais bien plus importante encore, dit le journal, en valeur pédagogique et éducatrice, est cette expérience du travail de la jeunesse, du travail public en commun, du travail physique en plein air.

Les travaux étaient faits au milieu des chansons, avec entrain; les élèves étaient manifestement contents d'avoir suspendu les leçons pendant sept jours pour se consacrer aux travaux physiques.

Je ne doute pas qu'il en soit ainsi. Si je me reporte à mes souvenirs d'écolier, je sais que c'eût été une véritable fête pour moi si l'on m'eût imposé sept jours de travaux tels que ceux que je viens de décrire.

III

LE TRAVAIL ATTRAYANT

Ce mot « travail attrayant » est revenu déjà souvent dans notre exposition et il revient bien plus souvent encore dans l'œuvre de Fourier : il en est la quintessence, il en fait la philosophie. Fourier aimait à citer ces vers de Voltaire :

> Par le seul mouvement Dieu conduit la matière,
> Mais c'est par le plaisir qu'il conduit les humains.

Il est, dit-il, dans les intentions de Dieu — sinon du Dieu de la Genèse, du moins du Dieu de la raison — que le travail soit un plaisir. Si tel n'est point le cas c'est par suite, non du péché d'Adam, mais de l'évolution industrielle, de ce que nous appelons la civilisation, qui a dénaturé le travail par l'institution du salariat, avec toutes les disgrâces dont nous avons donné tout à l'heure l'énumération. Mais qu'on débarrasse le travail de ces servitudes, qu'on l'organise sur le plan tracé par Fourier et que nous venons d'exposer — courtes séances, changements fréquents d'occupation, cadre récréatif, émulation des groupes, droit assuré au produit du travail, minimum d'existence garanti, même à ceux qui ne voudraient pas travailler — et le travail reparaîtra aussitôt sous sa vraie nature, le libre essor de l'activité humaine,

Pourquoi pas, en effet? Qu'est-ce que le travail en soi, sinon un mode d'activité, un déploiement d'énergie, musculaire et mentale, en vue d'une fin déterminée. Or, agir, faire jouer ses organes, accomplir une fonction naturelle, n'est jamais pour l'être vivant une peine mais au contraire un plaisir. Pourquoi en serait-il autrement de cette même activité employée à satisfaire nos désirs, ce qui est la définition du travail? Fourier cite l'exemple des animaux laborieux, du castor, de la fourmi, de l'abeille. Il fait observer que ces animaux travaillent, ou paraissent en tout cas travailler, sans éprouver aucune peine. L'abeille fait son miel comme elle bourdonne, c'est pour elle une façon de vivre : le travail chez elle est simplement l'exercice d'une fonction. Pour accomplir sa tâche, elle « ne se fait pas prier » comme on dit de tant de paresseux. Non, certes, elle n'est pas paresseuse!

Pourtant remarquons ceci : il y a des animaux dont on dit qu'ils sont paresseux et même qu'ils ne marchent qu'à coups de fouet : ce sont le cheval, l'âne, tous ceux qui servent aux travaux de l'homme. C'est là un jugement bien sévère et même injuste dans sa généralité, car beaucoup de ces pauvres serviteurs sont au contraire très laborieux jusqu'à faire honte au travailleur homme. Mais il est vrai que le travail semble leur être pénible. Pourquoi ? Précisément parce que ce sont des animaux « domestiques », ce qui veut dire qu'ils ne travaillent pas pour eux, ils travaillent pour un maître. Ils sont sous le régime de l'esclavage, ils travaillent par contrainte : c'est une confirmation de la thèse que je développe en ce moment. Il n'est donc pas étonnant que pour eux le travail soit odieux tandis que pour l'animal sauvage le travail est joyeux parce que ces animaux ont le sentiment qu'ils travaillent pour eux : ce sont des travailleurs libres. Si j'avais étudié les abeilles, comme tant de naturalistes ont passé leur vie à le faire, j'aurais voulu éclaircir ce problème : l'abeille se doute-t-elle qu'elle est exploitée, elle aussi, par un maître ? Et quand elle voit sa ruche vidée périodiquement, n'en est-elle pas découragée et travaille-t-elle avec autant de cœur que l'abeille sauvage à qui on laisse le miel dans les rayons ? Je n'ai pas vu, du moins dans les livres que j'ai lus, qu'aucun naturaliste se soit posé le problème; il en vaudrait cependant la peine.

Serait-ce parce que le travail implique « un effort » qu'il deviendrait pénible et rebutant? Pourtant voyez la somme d'efforts qui est dépensée dans ce qu'on appelle les sports! Voilà un mode d'activité de l'homme qui était à peu près ignoré du temps de Fourier — quelle illustration de sa thèse il y aurait trouvée! — et pour lesquels aujourd'hui « on se passionne ». Ce mot cher à Fourier n'est pas exagéré ici : oui, en effet, comme l'annonçait ce visionnaire, on voit des milliers de jeunes athlètes courant à ces concours avec la même passion, avec le même enthousiasme qu'à une fête. Et certes ces sports exigent des efforts et exposent à des dangers non moindres que le travail le plus dur. Songez à la somme d'énergie musculaire et nerveuse que dépense un cycliste qui fait le Tour de France, un joueur de football, un boxeur, un alpiniste qui gravit les Alpes ou l'Himalaya, ou même un chauffeur amateur qui fait du 120 à l'heure. Alors, puisque chez eux cette activité est si joyeuse, pourquoi devient-elle une peine et une condamnation pour le professionnel? Cependant, dans ces ascensions dont je viens de parler, les guides et les touristes attelés à la même corde ont à déployer exactement la même force; ils courent les mêmes dangers; ils éprouvent les mêmes fatigues; ils supportent les mêmes privations. Qu'est-ce qui fait donc de ces actes identiques deux catégories distantes l'une de l'autre de toute la différence qui sépare une joie d'une peine? C'est exactement par la même raison que celle que j'indiquais tout à l'heure pour les animaux : c'est parce que le travail du guide, précisément parce que c'est un travail professionnel, est un travail qui est contraint, ou tout au moins qui est conditionné par le besoin de gagner sa vie, par le paiement d'un salaire, tandis que le même acte chez le touriste n'a d'autres fins que l'acte lui-même : il est à lui-même son propre but et c'est là ce qui en fait une joie.

N'est-on donc pas en droit de penser, comme Fourier, que si l'on pouvait libérer le travail de tout caractère de contrainte, il deviendrait aussi naturellement attrayant que la chasse pour le chien, que le chant pour le rossignol, que le sport pour un sportman, que l'œuvre d'art pour un artiste ?

Généralement les socialistes, et surtout ceux que l'on appelle les anarchistes, se sont jetés complètement dans la voie ouverte par Fourier; ils sont convaincus qu'en effet c'est uniquement l'ordre économique actuel, le capitalisme, la division des classes, la propriété, qui ont fait du travail une corvée, mais que le jour où le socialisme ou communisme serait établi, alors le travail deviendrait aussi joyeux et aussi fécond qu'il est aujourd'hui stérile. Fourier, dans son livre, dit que sous le régime sociétaire, le rendement du travail sera 24 fois le rendement du travail salarié. Et, si vous lisez les livres de Kropotkine, qui vient de mourir récemment, « La conquête du pain », par exemple, vous verriez que dans ces visions anarchistes, qui rappellent beaucoup celles de Fourier, il suppose que le travail produira surabondamment pour les besoins de tous et, par conséquent, pourra être réduit pour chaque individu dans de telles proportions qu'il cessera d'être une peine pour devenir une espèce de récréation. D'autres que les anarchistes ont eu le même espoir, par exemple, le poète Sully Prud'homme qui, dans des vers que j'ai souvent cités, dit :

Si j'étais Dieu, de beaux fruits sans écorces
Mûriraient. Le travail ne serait plus qu'un jeu
Et nous n'agirions plus que pour sentir nos forces,
Si j'étais Dieu !

En somme, cette thèse n'est rien moins que celle du retour de l'homme au Paradis ! En effet, si on lit la première page de la Genèse, que rappelait Fourier, il est dit que l'homme avait été placé dans le jardin d'Eden pour le cultiver; il y travaillait donc mais, comme l'abeille ou la fourmi, d'un travail qui n'était que l'exercice heureux d'une fonction naturelle. Et il y est dit que c'est seulement à la suite de la chute que l'homme, perdant ce privilège, a été condamné à travailler « à la sueur de son front », c'est-à-dire au travail tel que l'homme l'a connu et pratiqué de tout temps. Donc, libérer le travail de toute peine, ce serait lui enlever la condamnation biblique et rentrer dans le Jardin d'Eden. C'est bien ainsi, en effet, qu'on peut résumer toute la doctrine de Fourier — et même celle des anarchistes, quoique ceux-ci ne se soucient guère du Paradis.

Mais les uns et les autres oublient que la loi qui a dominé jusqu'à présent non seulement l'Economie politique mais le monde entier, du moins le monde matériel, c'est la loi du moindre effort, ce qu'on appelle en économie politique le principe hédonistique. C'est même le seul mobile du progrès, car tout progrès accompli dans l'ordre matériel — machines, organisation du travail, inventions — n'a eu d'autre but que de réduire l'effort nécessaire pour obtenir telle ou telle satisfaction. Donc supprimer l'effort pénible, ne serait-ce pas supprimer le progrès, car du jour où le travail sera un plaisir, pourquoi chercher à l'économiser ? On ne cherche pas à économiser son plaisir ! L'homme ne s'ingéniera plus pour chercher des inventions nouvelles. Pensez en effet ce qu'aurait été l'histoire du travail et toute l'économie du monde si le travail n'avait pas eu ce caractère d'être pénible — et dès lors quelle serait la révolution économique ou sociale, le jour où l'homme ne travaillerait plus par nécessité, mais uniquement pour son plaisir ?

Il y a un autre socialiste, plus grand que Fourier, Proudhon, qui, lui, s'était fait une autre conception du travail : « Travailler, dit-il, c'est se dévouer, travailler c'est se donner, travailler c'est mourir. » Mais Proudhon était un vieil ouvrier, ce que Fourier n'était pas, et il était un moraliste, ce que Fourier était encore moins, et c'est pourquoi il ne pouvait comprendre le travail comme un amusement. Un travail sans peine lui aurait paru un travail sans honneur et sans fécondité. Des travaux comme ceux dont Fourier nous présente le tableau, où on irait « en parties de plaisir », avec des bannières, des costumes, des chants, des cavalcades, toute cette mascarade du travail l'aurait profondément dégoûté.

Qu'en conclure ? J'admets avec Fourier qu'un travail qui n'a pour mobile que la contrainte physique doit se refuser, et même que celui qui n'a pour mobile que l'intérêt personnel est d'un ordre inférieur. Mais je crois aussi, comme Proudhon, qu'un travail qui n'aurait d'autre mobile que le plaisir ne vaudrait guère mieux et qu'à vouloir en faire un jeu, on le rendrait aussi stérile que l'est le jeu lui-même.

Toutefois, le travail peut avoir d'autres mobiles que le fouet, ou le plaisir, ou même que l'intérêt individuel : il peut avoir pour mobile le devoir. Ce devoir est impliqué dans l'idée de solidarité puisque, sous le régime de la division du travail, le travail est le lien le plus étroit qui puisse exister entre les hommes; tout homme travaillant nécessairement pour autrui en même temps que pour soi.

Fourier répliquerait sans doute : Mais cette notion du devoir que vous faites intervenir, c'est tout de même encore une contrainte, c'est une contrainte morale ! L'homme qui travaille par devoir travaillera ainsi par obéissance, non pas à un maître, il est vrai, mais à un impératif catégorique, comme dit Kant, ou à un commandement de la religion, par obéissance à Dieu ?

Assurément ! mais cette contrainte morale c'est ce qui s'appelle la conscience dans le travail. D'ailleurs, si le travail est compris dans le sens que nous venons de définir, comme l'accomplissement d'un service social, comme le travail pour autrui, alors il n'est plus un acte de contrainte, il devient acte d'amour. Or travailler pour l'amour des hommes ou pour l'amour de Dieu, cela ne veut pas dire qu'on travaille pour s'amuser, et il n'y aura pas lieu de craindre qu'un travail ainsi inspiré soit improductif : il n'est pas dans la nature de l'amour d'être stérile.

Les ouvriers d'autrefois sentaient cela. Ce n'est pas pour rien qu'un des plus célèbres compagnonnages, celui des charpentiers, avait pris pour nom « Les Compagnons du Devoir ». Et même pour les salariés qui n'avaient pas pour mobile le devoir au sens purement moral ou religieux, il y avait du moins l'honneur professionnel qui trouvait et cherchait une récompense suffisante dans le fait d'avoir accompli un bon et beau travail, « de la belle ouvrage », comme ils disaient.

Malheureusement, l'un et l'autre de ces mobiles ont presque disparu. Les leaders syndicalistes ne nient pas ce recul, mais ils n'y voient qu'une conséquence du régime économique actuel qui fait que l'ouvrier se sent exploité : il croit que s'il donnait son plein de travail, ce n'est ni lui, ni la société dans son ensemble, qui en profiteraient, mais seulement le patron, ou les actionnaires qui sont derrière le patron.

Il est certain que, fondée ou non, cette terrible conviction a empoisonné la classe ouvrière et risque de paralyser tout travail, à l'heure où l'Europe, et la France en particulier, en auraient un si urgent besoin.

La conclusion des syndicalistes, c'est que si l'on veut

rendre à l'ouvrier l'enthousiasme pour le travail, la condition préalable c'est d'abolir le capitalisme et le salariat. Ils se trouvent donc en cela d'accord avec Fourier mais ils en diffèrent par les moyens; Fourier se contentait de l'association coopérative de production, avec quelques autres condiments que nous avons indiqués, tandis que les syndicalistes veulent la nationalisation des instruments de production.

Nous ne pouvons discuter ici ces solutions. Sans doute sont-elles plus pratiques que celles de Fourier, toutefois nous doutons qu'elles atteignent mieux le but visé qui est de rendre au travailleur l'amour du travail. Ce n'est pas là une question de mécanisme mais de conscience et, par conséquent, d'éducation.

CHAPITRE IV

Le Système de répartition dans la Société fouriériste

§ 1. La répartition fondée sur la propriété individuelle

Il s'agit maintenant de savoir, en supposant la phalange constituée, comment se répartiront les produits du travail des sociétaires.

Notons d'abord cette remarque profonde de Fourier que le problème de la répartition n'est qu'accessoire, car le véritable mal dont souffrent les sociétés humaines ce n'est pas tant l'injustice de la répartition que l'insuffisance de la production et le gaspillage de la consommation. Tant que ces vices là ne seront pas guéris, les modifications de la répartition ne serviront qu'à peu de chose.

Je ferai remarquer, en second lieu, que ce mot même de « répartition » indique que nous ne sommes pas sous le régime communiste; en effet, si on y était il est clair qu'il n'y aurait pas de question de partage, pas plus que dans les sociétés communistes qui se sont fondées çà et là dans le monde. Mai Fourier n'était nullement communiste; il désavoue expressément, même d'une façon injurieuse, ceux qui, comme les Saint-Simoniens, étaient plus ou moins communistes de son temps.

Nous avons vu déjà que Fourier maintient le principe de la propriété individuelle comme le plus puissant stimulant du travail et que c'est pour ce motif qu'il veut transformer tout salarié en co-propriétaire. Fourier voulait le travail commun pour qu'il fût plus joyeux, et aussi la consommation en commun, par économie, quoique non pourtant avec obligation pour tous les sociétaires de manger à la même gamelle, — mais il n'était nullement communiste pour la répartition, et cette conception à double face, inspirée de deux principes opposés, est un des traits caractéristiques de sa doctrine.

Donc Fourier ne veut pas que les produits de la phalange tombent dans la communauté; il faut les partager. Il s'agit seulement de savoir d'après quelles règles va se faire le partage dans cette société idéale.

Evidemment, on commencera par faire un prélèvement pour les frais généraux, de même que l'on fait aujourd'hui dans toutes les sociétés par actions. Mais il faut remarquer que dans l'association fouriériste ce prélèvement devait être beaucoup plus grand que dans les sociétés ordinaires; pensez à tout ce qu'il y aurait à pourvoir ! D'abord, la phalange prend à sa charge la nourriture et le logement de tous ses membres : elle la leur fait payer, d'accord, mais n'oubliez pas qu'un minimum d'existence est accordé gratuitement à ceux-là même qui ne veulent pas travailler. Elle est ensuite directrice de toutes les branches de la production et par conséquent doit prélever tous les frais généraux de la production dans toutes les séries.

Ce n'est qu'après ces prélèvements que commencera le partage. Toutefois, il convient de s'arrêter une minute pour se demander s'il restera quelque chose à partager ? Si l'on consulte les expériences de tous ceux qui ont essayé de faire une société sur les bases de Fourier — il y en a eu un certain nombre — on voit qu'il n'ont pas eu l'embarras de se demander ce qui resterait à se partager ! car ils ont eu grand peine à couvrir seulement les frais de l'association. Il est infiniment probable que le phalanstère eut été en déficit. Ce n'eût pas été peu de chose pour une association, comme celle rêvée par Fourier, que d'entretenir et faire vivre dans le luxe une colonie de 1.600 personnes, avec son grand domaine, ses exploitations, ses tables gratuites, ses réunions récréatives, ses festivités. Il est vrai que si nous nous mettons bénévolement dans la mentalité de Fourier, étant donné que dans son système on produira 24 fois plus que sous le régime actuel, dans ces conditions on peut espérer qu'il restera quelque chose.

Eh bien, ce produit net, d'après quelle règle de répartition va-t-il être partagé? Il y a plusieurs modes — quatre au moins — qui ont été sinon expérimentés en pratique, tout au moins proposés dans les programmes des écoles socialistes.

Le premier mode de répartition, le seul qui ait été pratiquement réalisé, c'est le mode capitaliste : la répartition des bénéfices au prorata du capital, c'est-à-dire des apports de chaque sociétaire; c'est le régime de toutes les sociétés par actions, de toutes les entreprises dans le monde économique où nous vivons.

Le second mode de répartition est celui réclamé par les socialistes, du moins les socialistes marxistes : la répartition au prorata du travail fourni.

Il y a une troisième formule de répartition qui est celle des communistes-anarchistes : à chacun selon ses besoins.

Enfin il y a encore une formule de répartition qui avait été préconisée, précisément à l'époque où vivait Fourier, par une école socialiste rivale et très célèbre, l'école Saint-Simonienne : « à chacun ses capacités; à chaque capacité selon ses œuvres ».

Fourier adopte-t-il un de ces quatre modes de répartition? Non, aucun ne peut lui convenir, car chacun d'eux se trouve plus ou moins en opposition avec sa doctrine.

Il ne peut pas adopter le principe : à chacun selon ses besoins, car il faudrait pour cela accepter résolûment le communisme. Or, nous venons de dire que Fourier n'était pas communiste.

Il ne peut prendre non plus la formule Saint-Simonienne : à chacun selon ses capacités, car c'était là la formule d'une société exclusivement aristocratique. En effet, les Saint-Simoniens ont été des aristocrates, ils voulaient que le pouvoir appartînt à deux puissances dont le mariage apparaît bien singulier aujourd'hui, aux banquiers et aux prêtres — non pas, il est vrai, le prêtre de l'église catholique, mais celui de l'église saint-simonienne.

Quant à la formule marxiste, qui prend pour unique critérium la quantité de travail fourni et n'accorde rien au capital, Fourier n'en veut pas non plus, pas du moins d'une façon exclusive, parce qu'il ne fait pas fi du capital, ni même du capitaliste, tant s'en faut! Vous savez qu'il a attendu toute sa vie le capitaliste qui viendrait lui apporter les fonds nécessaires pour son expérimentation. Fourier n'eût pas du tout approuvé l'idée qui a trouvé sa formule fameuse dans le manifeste de 1847 : L'émancipation des travailleurs ne doit venir que des travailleurs eux-mêmes. Non, il pensait, au contraire, qu'elle ne pouvait venir que des capitalistes bénévoles.

Est-ce à dire que Fourier se rallie alors au mode de répartition capitaliste, c'est-à-dire la répartition au prorata des actions? Non plus, et ceci par une raison péremptoire que vous connaissez : c'est parce que Fourier ne veut pas du salariat. Or, dire que dans une association tous les bénéfices seront attribués aux actionnaires, cela veut dire évidemment que les travailleurs ne toucheront qu'un salaire, ce qui est le cas en effet des sociétés par actions, comme de toutes les entreprises capitalistes.

§ 2. La formule fouriériste de répartition

Mais alors Fourier a-t-il découvert quelque nouvelle formule de répartition? Voici celle qu'il donne :

« 1° Que chaque travailleur soit rétribué par divi« dende d'associé et non par salaire.

« 2° Que chacun, homme, femme ou enfant, soit ré« tribué en proportion des trois facultés, capital, tra« vail et talent. »

Il n'y a rien là de neuf. Fourier s'est borné à prendre les trois modes de répartition que je viens d'indiquer pour en faire une synthèse, en les appliquant tous les trois cumulativement. Et même, quoiqu'elle ne soit point nommée, la formule « à chacun selon ses besoins » n'est pas exclue du Familistère puisque nous savons qu'un minimum gratuit d'existence est assuré à tous. On ne saurait dire donc que ce soit là une conception originale, mais enfin il n'est pas nécessaire dans les sciences sociales de faire de l'originalité; un grand sociologue, L. Play, disait qu'après toute une vie de travail sa meilleure découverte c'était celle-ci : dans la science sociale il n'y a rien à inventer.

Ne critiquons donc pas trop Fourier pour n'avoir pas déployé ici les ressources de son imagination, par ailleurs si riche d'inventions, et voyons dans quelle proportion ces trois facteurs concourent au partage. Selon ses habitudes méticuleuses, Fourier a exprimé en chiffres la part de chacun dans une formule célèbre. Il divise le produit net en douze parts : aujourd'hui nous prenons d[illegible] pourcentages, mais Fourier préférant la division par douzièmes qui est, en effet, très supérieure à la division décimale, le nombre 12 ayant une quantité de diviseurs très commodes, 2, 3, 4, 6, tandis que le nombre 10 n'en a que deux. Il est malheureux que l'homme n'ait pas douze doigts, car en ce cas certainement il aurait inventé la numération duodécimale avec 12 chiffres et un zéro.

Fourier divise donc le produit net supposé en 12 parties, et les répartit ainsi (1) :

5/12 au travail;
4/12 au capital;
3/12 au talent;
additionnez, cela fait bien le compte, soit 12 douzièmes.

Vous remarquerez que, dans ce partage, le capital n'est pas mal traité : 4/12, soit 1/3, c'est une forte part. Je me demande même, en faisant le compte de ce que prélève le capital sous le régime actuel, en additionnant intérêts, dividendes, fermages, profits, bénéfices, et même toutes les majorations qui peuvent résulter de l'exploitation des consommateurs et des salariés — si l'on trouverait davantage? Si vous prenez le revenu de la France, par exemple, que l'on évaluait avant la guerre à 33 ou 35 milliards francs or — disons, pour

(1) Cette formule a été celle mise en pratique dans la plupart des associations coopératives de production.
Au reste, Fourier admet aussi la répartition 6/12 au travail, 4/12 au capital, 2/12 au talent; elle lui plaît même davantage par cette raison baroque « que la somme des deux termes extrêmes serait égale au double du terme moyen »!

prendre un chiffre divisible par 12, 36 milliards — la formule de Fourier donnerait 12 milliards au capital: or, je ne crois pas qu'en additionnant tous les prélèvements capitalistes que je viens d'énumérer on trouvât une somme supérieure. On voit donc que la répartition de Fourier est, somme toute, un peu bourgeoise; quand il faisait cette répartition, il devait être préoccupé de la visite attendue de son capitaliste!

Le travail, il est vrai, est mieux traité que le capital, 5/12. Mais je ne crois pas que cette proportion lui donnât une part supérieure à celle qu'il touche présentement, car sur 36 milliards les 5/12 font 15 milliards; or, si on additionne tous les revenus du travail manuel et intellectuel, salaires, traitements, honoraires, on doit bien trouver au moins ce chiffre.

Reste le talent auquel Fourier attribue les 3/12, soit 1/4. Est-ce là une proportion supérieure ou inférieure à ce qu'il touche sous le régime actuel?

Pour l'apprécier, il faudrait d'abord savoir ce qu'il faut entendre par le mot talent et ce que Fourier voulait désigner par ce qualificatif.

Dans les classifications des économistes, le talent ne figure nulle part comme un facteur spécial; il n'est considéré que comme un des aspects du travail — principalement, mais non pas pourtant exclusivement, du travail intellectuel, car il peut y avoir aussi du talent dans toute œuvre, non pas seulement celle d'un artiste mais d'un artisan.

Le talent, dans les métiers et fonctions publiques, ne donne d'autre avantage à celui qui en est doué que la chance d'arriver plus vite au salaire maximum ou, pour le fonctionnaire, celle de monter plus rapidement les échelons de la hiérarchie administrative. Il en est différemment des professions libérales, avocats, médecins, littérateurs, artistes du pinceau, du ciseau, du théâtre ou du cinéma, où le talent peut conférer des rémunérations exceptionnelles et même porter rapidement à la fortune. Mais il n'y a aucun domaine où la fortune se montre plus aveugle, car tandis que le talent d'un acteur de cinéma, ou de tel romancier plus ou moins pornographique, lui rapportera des millions, le génie d'un Newton ou d'un Pasteur ne lui rapportera guère plus qu'à n'importe lequel de ses collègues. C'est un lieu commun que l'histoire des inventeurs ou littérateurs finissant dans la misère.

Au reste, c'est une question qui se pose, tant au point de vue économique qu'au point de vue moral, que celle de savoir s'il est juste que le talent confère une plus grosse part dans la répartition?

L'opinion publique n'est pas très favorable à cette thèse : elle traite avec ironie, sinon avec mépris, le génie qui bat monnaie de son talent et, au contraire, elle salue avec admiration certains savants, comme nous en avons beaucoup en France, qui n'ont pas cherché à utiliser leurs découvertes ou leur plume pour prélever une plus forte part de revenu.

En effet, le talent est déjà par lui-même, pour ceux qui ont la chance d'en être doué, un privilège assez grand sans qu'il y ait lieu d'y ajouter un autre privilège qui serait celui de la richesse et viendrait se superposer au premier. C'est comme si, dans un conte de fées, après qu'une bonne fée aurait déposé comme don, dans le berceau du nouveau-né, le génie, si, dis-je, les parents venaient lui dire : Et avec cela, combien d'argent mettez-vous encore? Je me plais à croire que la bonne fée, dans ce cas, estimerait que c'est une exigence tout à fait déplacée et ne manquerait pas de reprendre son don.

Même en se plaçant uniquement au point de vue de la justice économique, il convient de remarquer que le talent, et plus encore le génie, sont généralement des dons naturels (quoique Buffon, je crois, ait dit que le génie est une longue patience). Or, quand il s'agit de richesses comme les sources d'eau minérale, les puits de pétrole, la terre elle-même, les économistes ont beaucoup de peine à justifier l'appropriation et la perception d'une « rente »; et même beaucoup y renoncent et déclarent, d'accord avec les socialistes, que lorsqu'il s'agit de richesses naturelles, étant gratuites par leur origine, elles devraient rester gratuites pour tous, c'est-à-dire communes. A plus forte raison, tel devrait être le caractère de cette richesse naturelle, de ce don, qui est le talent. C'est ici que s'applique, par excellence, le commandement de l'Evangile : « Ce que vous avez reçu gratuitement, donnez-le aussi gratuitement. »

Si donc Fourier, en attribuant au talent 1/4 du produit, entend par là un prélèvement au profit des privilégiés de l'intelligence, ce qui représenterait une part individuelle d'autant plus considérable que l'élite appelée à se partager ce quart sera sans doute peu nombreuse — sa thèse serait très discutable. Et en outre faudrait-il savoir par quel moyen on pourra apprécier et mesurer le talent, mais nous retrouverons cette question tout à l'heure.

Mais je crois qu'en allouant une part spéciale au talent, Fourier n'avait guère autre chose en vue qu'une rémunération spéciale pour le travail de direction et d'organisation, destinée à récompenser et à stimuler les chefs de chaque série.

Il y a, en effet, certains cas dans lesquels, au point de vue économique et même au point de vue moral, le talent peut revendiquer un droit à une part de richesses : c'est quand il devient un facteur de la production, ce qui se présente notamment dans les cas d'invention. L'invention ne consiste pas à créer des richesses nouvelles puisque l'homme ne peut rien créer, mais à découvrir des utilités nouvelles, ce qui veut dire à mieux utiliser les richesses existantes. On ne saurait méconnaître en principe le droit de l'inventeur sur l'utilité nouvelle créée, quoiqu'en fait son droit reste le plus souvent méconnu, ou est racheté à vil prix par quelque entrepreneur.

Et, à côté de cette forme de talent qui consiste dans la meilleure utilisation des choses, il y en a une autre qui consiste dans la meilleure utilisation des hommes : c'est le talent de commandement. Il n'y a pas de travail plus productif que celui du chef qui sait grouper les efforts d'un grand nombre d'hommes de façon à faire sortir de ce groupement une somme de valeurs très supérieure à ce que donnerait la simple totalisation des valeurs individuelles.

La rémunération accordée dans ces deux cas, et surtout dans le second, est généralement ce que l'on appelle, dans le langage courant, le profit ou le bénéfice. Disons simplement salaire de direction, car pour nous, coopérateurs, le nom de profit désigne cette majoration des prix qui précisément n'est pas le résultat d'un travail de direction, d'invention, ou d'organisation, mais qui est simplement due au fait brutal de la loi de l'offre et de la demande.

Au contraire, quand il s'agit de la rémunération due à la direction, à l'invention, à l'organisation, celle-là nous apparait comme la simple rémunération du travail, travail spécial, si l'on veut, que l'on pourrait appeler avec l'école marxiste, « travail qualifié ».

§ 3. La répartition entre les séries

En somme donc, la formule fouriériste n'est guère qu'une mise en formule du mode de répartition qui fonctionne dans nos sociétés, il n'y a rien là qui ressemble à une révolution. Mais ce n'est là qu'une introduction, pour ainsi dire, à un système de répartition plus compliqué, car il ne faudrait pas croire que les 5/12 revenant au travail vont être partagés également entre les travailleurs, les 4/12 au capital également entre les capitalistes, et les 3/12 revenant au talent également entre les chefs de séries. Non, nous voici engagés dans un nouveau système de répartition, au second degré, peut-on dire.

Commençons par le capital. Comment va-t-on répartir entre les capitalistes les 4/12 qui reviennent au capital? Sous le régime actuel, la réponse est tout ce qu'il y a de plus simple : on répartit le bénéfice au prorata du nombre d'actions possédées par chaque sociétaire. C'est aussi la solution de Fourier, mais avec une restriction assez intéressante que nous allons indiquer tout à l'heure. Arrêtons-nous une minute pour indiquer que Fourier n'est pas du tout hostile au régime de la société par actions, quoiqu'elle soit particulièrement caractéristique du régime capitaliste. Il le préconise même avec autant d'ardeur que les économistes de l'école libérale et c'est d'autant plus remarquable que de son temps les sociétés par actions n'avaient pas le grand développement qu'elles ont pris de nos jours. Les actions, dit-il, constituent une forme de propriété supérieure à la vieille forme de propriété en terre ou même en argent, car le numéraire ne produit rien si on ne le place pas et peut être volé; « une action, a contraire, ne peut se perdre ni par vol, ni par incendie, ni par tremblement de terre, parce qu'elle est nominative et sera constatée par mention sur triple registre, les registres étant placés en divers lieux pour plus de sécurité, les transmissions n'étant valables que par adhésion du titulaire enregistré ». Fourier suppose donc des actions nominatives non remboursables, mais transférables, ce qui permet à l'actionnaire d'en réaliser la valeur à peu près presque aussi facilement que s'il avait droit au remboursement. Tous ces caractères sont bien ceux reconnus par la loi qui régit les sociétés par actions, en sorte que jusqu'ici les actions phalanstériennes ne se distinguent pas des actions capitalistes ordinaires.

Seulement voici la différence que j'annonçais tout à l'heure : il y aura dans l'association phalanstérienne des catégories différentes d'actions, selon leur origine : actions *bancaires* (j'emploie son vocabulaire) qui sont celles représentées par les apports en argent; actions *foncières*, qui sont celles représentées par les apports en terres; actions *ouvrières*, qui sont celles représentées par les épargnes des travailleurs. Et il y aura un taux de dividende différent selon la nature de ces actions, le moins élevé étant pour l'action bancaire, le plus élevé pour l'action ouvrière. Mais même le taux le moins élevé sera encore tel que nos capitalistes en seraient fort satisfaits : il ira, en effet, de 7 à 10 % pour l'action bancaire, jusqu'à 30 % pour l'action ouvrière. On croirait lire le prospectus d'une banque d'émission!

Cette idée de donner une rémunération différente au capital selon la nature de ce capital, selon ses mérites, dirais-je, n'en est pas moins une idée tout à fait étrangère au régime capitaliste : dans nos sociétés par actions, une action possédée par Rothschild ou Rockfeller ne touchera ni plus ni moins que l'action d'un pauvre homme qui n'a pour toute fortune que son unique action — d'autant mieux que dans la société anonyme, comme le dit si bien son nom, on ne connaît point les personnes et les actionnaires ne se distinguent pas plus les uns des autres qu'une pièce d'argent d'une autre pièce.

Dans le phalanstère il n'y aura pas seulement une différence de taux entre les trois catégories d'actions : il y a encore des sous-distinctions dans chacune des catégories. C'est ainsi qu'entre les actions ouvrières, celle-là touchera un dividende d'autant plus élevé qu'elle représentera les premières économies réalisées; ainsi les premiers mille francs versés par l'ouvrier toucheront 30 %; puis les seconds mille francs, 20 %; puis les troisièmes mille francs, 18 %, et ainsi de suite. Vous comprenez quelle est la raison de cette graduation dans le taux de l'intérêt[1]: c'est d'encourager l'épargne. Fourier part de cette idée, d'ailleurs très juste, que chaque capital ne représente pas la même somme d'efforts, d'abstinence, de privations, il se peut que celui-ci ait engendré au prix de privations et de longues souffrances, tandis que celui-là est venu au monde avec le sourire. Par là se trouve condamnée la thèse de l'économie classique qui donne à tous les capitaux la même origine, à savoir l'épargne ou mieux encore « l'abstinence », suivant un mot fameux lancé par l'économiste anglais Senior; cette dénomination tendancieuse n'avait d'autre but que de justifier l'intérêt. Eh bien, s'il est raisonnable de parler de « l'abstinence » d'un ouvrier qui va porter à la caisse d'Epargne, ou à la banque de la société coopérative, l'obole prélevée jour à jour sur son maigre salaire, il est grotesque de parler de l'abstinence quand il s'agit de l'épargne réalisée par un capitaliste qui dispose de revenus tels qu'il lui serait absolument impossible de les consommer; dans ce cas il ne faut pas dire que l'épargne est une abstinence, ou une privation, ou une amputation, mais plutôt qu'elle est un débarras; le capitaliste ne saurait que faire de cet argent s'il ne pouvait le placer.

Telle est la signification de cette classification, de cette hiérarchie, que Fourier établit entre les différents capitaux; elle répond à une préoccupation plutôt morale qu'économique. Elle ne paraît pas très pratique, et pourtant il y a eu quelques réalisations partielles en France et à l'étranger. Il y a certaines institutions de crédit populaire et certaines caisses d'épargne qui précisément appliquent la méthode fouriériste, c'est-à-dire donnent un intérêt plus élevé au premier apport versé, afin de stimuler ainsi l'épargne.

Passons au travail; les 5/12 qui lui reviennent, comment va-t-il les répartir? Sera-ce par parts égales? Sera-ce proportionnellement au temps de travail? Fourier a inventé ici un système extrêmement compliqué dont je me bornerai à donner un aperçu sommaire.

En ce qui concerne la répartition au travail, il établit deux degrés.

Vous savez que tous les travailleurs dans le phalanstère sont groupés en un grand nombre de séries. Eh bien, on commence par une répartition entre les séries, mais non point par parts égales. Comme les capitaux tout à l'heure, les séries sont classées aussi, classées en trois catégories : celles de *nécessité*, celles *d'utilité*, et celles *d'agrément*, avec un coefficient différent pour chacune d'elles. Par exemple, tandis que les séries d'agrément n'auront droit qu'à une part, les séries d'utilité auront deux parts et les séries de nécessité trois parts, je prends des chiffres arbitraires. Et qu'est-ce qui déterminera l'ordre de classement des séries ? Quel sera le critérium ? Dans notre régime social actuel, le classement des travaux et le taux de rémunération attribué à chacun d'eux sont déterminés par le plus ou moins de considération dont jouissent ces travaux dans l'opinion publique. Au premier rang figurent les fonctions publiques, telles que la diplomatie qu'on appelle « la carrière » tout court, les professions libérales et artistiques; puis, au dernier rang, les travaux manuels, les plus sales ou les plus durs, tels que celui du casseur de pierres sur la route ou du balayeur des rues, souvent même celui du laboureur; en sorte que par une amère ironie de notre organisation économique, déjà dénoncée par Stuart Mill, le travail est d'autant mieux payé qu'il est plus facile et agréable, souvent même plus inutile ou plus nuisible — et d'autant plus mal qu'il est plus pénible et plus rebutant, parfois même plus nécessaire.

Un tel système de classement, qui a son origine dans les traditions sociales et les privilèges nobiliaires, ne saurait assurément être admis dans une organisation rationnelle du travail; aussi est-elle absolument écartée du système de Fourier.

Mais alors quel est le critère qui permettra de déterminer le rang que la série doit occuper dans la hiérarchie ? On pourrait croire que c'est la nature du besoin auquel elle doit pourvoir, comme semblent l'indiquer les termes même par lesquels il les désigne, et que par conséquent il faudra mettre au premier rang les travaux qui répondent aux besoins les plus essentiels, à commencer par ceux de l'alimentation, par exemple la production du blé et du pain, et au dernier rang ceux qui ne répondent qu'à des besoins de luxe, tels que la culture des fleurs ?

Cependant ce n'est pas précisément à la nature du besoin que regarde Fourier pour faire son classement : c'est à la nature du travail. Il ne faut pas oublier que pour lui le pivot de toute son organisation c'est le travail attrayant. Or comme, malgré toutes ses combinaisons, il ne peut pas se flatter de rendre tous les travaux également attrayants, il cherche donc à compenser par une plus large rémunération ceux qui sont les moins attrayants; et non pas seulement par une rémunération en argent, mais aussi par une plus large part en considération, car il ne veut pas que l'argent soit l'unique ni même le principal mobile du travail. On peut donc dire que le principe de classement et de rétribution des travaux dans le phalanstère sera précisément l'inverse de celui qui a régi jusqu'à ce jour les sociétés civilisées.

C'est pourquoi la série qu'il place en tête de sa hiérarchie ce sont les « petites hordes »; vous vous rappelez que les petites hordes sont chargées des travaux de nettoyage, vidange, abattage de bétail, en un mot tous les travaux répugnants. Elles seront mises au premier rang comme séries de nécessité. Certaines fonctions, naguère peu considérées mais à qui la guerre a fait une auréole qu'elles n'ont pas tout à fait perdue depuis, telles que celles d'infirmiers ou infirmières, jouiront de la plus haute considération en Harmonie et seront classées en première ligne, de même la série des nourrices.

« On estimera la priorité en raison inverse des obstacles répugnants et de la dose d'attraction que peut fournir chaque industrie. »

Quant à la production du blé et du pain, il ne faut pas oublier que Fourier la considère comme absolument surannée et appelée à disparaître à bref délai, par les motifs que nous avons exposés dans les leçons précédentes. Il ne cherche donc point à relever les travaux du laboureur ou du boulanger dans la considération publique; toutefois, non en raison de leur utilité qu'il nie mais à raison de l'effort pénible et rebutant qu'ils impliquent et qu'il est plutôt disposé à exagérer, sans doute les classerait-il dans les séries de nécessité, mais seulement en attendant leur disparition.

Mais on ne peut s'en remettre à la nature des choses pour établir la hiérarchie des séries; c'est donc la phalange elle-même qui, chaque année, dans son assemblée, aura à classer les différentes séries d'après les principes que nous venons de résumer.

On comprend en effet que, selon les circonstances, telle ou telle industrie puisse devenir de nécessité ou, au contraire, être réduite au rôle de travail d'agrément. Par exemple, à un moment comme celui où nous sommes, il est évident que le travail qui serait inscrit au premier rang comme travail de nécessité serait celui de la construction des maisons.

§ 4. La répartition entre individus

Après cette première répartition par séries, il s'agit maintenant de subdiviser entre les travailleurs de chaque série la part collective allouée. La répartition se fera d'après les heures de travail fournies. On revient donc ici à la définition socialiste. Cependant, même là, Fourier admet qu'il y aura certains coefficients individuels, quelque chose comme ce que nous appellerions aujourd'hui des primes pour le travailleur. Il admet notamment que les travailleurs hommes toucheront une part plus élevée que les travailleurs femmes, tout au moins dans les débuts; plus tard, si les deux sexes arrivent dans le phalanstère à une égalité de production, on pourra changer le coefficient.

Reste encore à subdiviser la part collective (3/12) attribuée au troisième facteur, le talent; c'est ici qu'il n'est pas facile de savoir comment on fera la sous-répartition.

Nous avons dit que pratiquement cette part réservée au talent semble devoir être simplement une majoration de salaires pour les Directeurs de chaque série. Il n'est pas possible, en effet, si démocratiquement que le travail soit organisé, que des hommes travaillent ensemble sans qu'il y ait un chef. La désignation de ceux qui toucheront la part du talent semble devoir se confondre en fait avec la désignation des chefs de séries. Mais reste à savoir comment se fera cette désignation.

Nous savons tous combien il est difficile de trouver un critérium pour apprécier la capacité de chacun. Que l'on ait recours au système de *l'élection* par le suffrage universel; — ou à ce mode d'élection par un corps d'élite qu'on appelle la *cooptation*, comme à l'Institut, au Collège de France; — ou au système des concours, comme pour beaucoup de fonctions publiques; — ou qu'on ait recours à la *nomination*, c'est-à-dire à la désignation par les Pouvoirs publics, comme pour la plupart des fonctions publiques ayant un caractère politique ou administratif; — ou qu'on marie ces divers modes, notamment les deux derniers — quoi qu'on fasse, nous savons tous qu'il n'y a aucun de ces systèmes qui donne de résultats satisfaisants, c'est-à-dire qui permette de reconnaître l'homme le plus digne de remplir une fonction déterminée, *the right man in the right place* (l'homme qu'il faut à la place qu'il faut), à ce point qu'on en vient à se demander, découragé, si le tirage au sort ne donnerait pas des résultats équivalents! Au reste, ce classement était celui par lequel étaient désignés les juges à Athènes et on sait qu'il est employé aujourd'hui encore, dans des limites restreintes, pour la constitution des jurys.

Inutile d'insister sur l'incapacité du suffrage universel comme appréciateur des capacités, mais même ce suffrage des corps d'élite, qui s'appelle la cooptation, celui-là aussi commet des bévues dont fourmille l'histoire de toutes les Académies, car il est plus vicié par les brigues, les jalousies et l'esprit de parti, que le suffrage populaire lui-même. Et quant au mode de sélection qui est considéré dans toutes les sociétés démocratiques comme étant le meilleur, celui des concours, vous permettrez à un vieux professeur qui a une certaine expérience des concours, comme candidat, comme juré, comme président, de dire que c'est un système qui ne donne que des résultats très incertains, car les qualités qui assurent le succès dans les concours sont souvent d'un ordre assez inférieur, comme celles qui donnent la victoire dans toutes les formes de la lutte de la vie. Son principal avantage c'est d'exclure le favoritisme et l'arbitraire, et encore n'y réussit-il pas toujours.

Celui donc qui réussirait à découvrir la pierre de touche des capacités sociales, à inventer un « capacimètre », celui-là aurait fait une découverte dont l'utilité sociale serait beaucoup plus grande que n'importe quelle invention, même celle de l'imprimerie ou de la machine à vapeur. Malheureusement on ne voit pas bien comment et dans quelles conditions on pourra faire une découverte pareille. Aussi bien, Fourier n'a-t-il pas apporté sur ce point de lumières nouvelles : c'est l'élection par les sociétaires qui décidera où se trouve le talent. Sans doute ne se dissimule-t-il pas les inconvénients de l'élection, mais il se faisait l'illusion de croire que la phalange constituerait déjà un corps électoral sélectionné, puisqu'ele ne comprendrait qu'un nombre de membres limité, et aussi que le fait de vivre en commun, de travailler ensemble dans les mêmes séries, de s'asseoir à la même table, amènerait une connaissance réciproque des individus qui permettrait d'apprécier avec impartialité et d'une façon judicieuse les mérites et le talent réels de chacun.

Il est à craindre que ce ne soit une illusion à en juger par ce qui s'est passé dans une association créée par un phalanstérien et qui a été modelée sur la phalange, dans le Familistère de Guise. Le directeur, Godin, a essayé de faire désigner les plus dignes, les plus capables, par le suffrage de leurs pairs, leurs camarades; or il a raconté lui-même combien les résultats ont été décevants. Quand on faisait voter les membres du Familistère, ou de chacun des groupes, pour savoir quel était celui qui toucherait une part supérieure comme le plus méritant, il arrivait fréquemment qu'au premier tour de scrutin, il y eût autant d'élus qu'il y avait d'électeurs, chacun commençant par voter pour soi! Et il ne faut pas trop leur en vouloir, car quand il s'agit de l'élection du Pape et dans un corps électoral aussi notable que le Conclave, vous avez pu lire dans les journaux que l'on prend des précautions spéciales pour que les bulletins des cardinaux ne portent pas leurs propres noms; pour cela, quand les scrutins semblent approcher de la fin, on ouvre chaque bulletin, et comme tous doivent être signés nominativement, la vérification est facile.

On peut répondre, il est vrai, que dans la phalange il ne s'agira pas d'élire un pape, ni d'une distribution de prix, comme c'était le cas dans le Familistère, mais de choisir celui qui dirigera le travail de l'équipe, et que par conséquent il sera de l'intérêt des travailleurs de choisir un homme capable. Dans les associations coopératives de production, qui s'inspirent directement de la doctrine de Fourier, les directeurs sont élus par les sociétaires : or généralement ils ont été très bien choisis et l'ont prouvé par le succès de l'association.

Il y a certains travaux, tels que les professions libérales, qui seront hors séries et qui, par conséquent, ne pourront être rétribuées ni en raison du nombre d'heures de travail, ni comme travail de direction. Voici par exemple les médecins : la façon dont Fourier arrange leur rétribution ne manque pas d'humour.

« En civilisation, dit-il, le médecin gagne en proportion du nombre de malades qu'il a à traiter; il lui convient donc que les maladies soient nombreuses et longues, principalement dans la classe riche; le contraire a lieu en Harmonie, parce que les médecins y sont rétribués par un dividende sur le produit général de la phalange. »

Leur rémunération rentrera donc dans le prélèvement pour les frais généraux dont je parlais en commençant; elle consistera en un dividende de tant de millièmes, qui croîtra ou décroîtra en raison de l'état de santé collectif de la phalange; moins il y aura de malades et de morts dans le courant de l'année et plus le dividende alloué au médecin sera fort. On publierait donc des tableaux statistiques de la mortalité comme ceux publiés aujourd'hui dans toutes les villes, et le traitement des médecins serait réglé en raison inverse du taux de la mortalité de l'année précédente. C'est une idée évidemment assez fantaisiste mais qui ne manque pas d'intérêt. L'intérêt des médecins en Harmonie serait donc le même que celui des assureurs sur la vie : veiller activement à ce que la mortalité soit réduite au minimum.

§ 5. La fusion des intérêts et des classes

Reste à savoir maintenant pourquoi Fourier a imaginé un système de répartition aussi compliqué. C'est avec intention : c'est parce qu'il voit dans cette organisation le moyen de résoudre le problème fondamental, le plus ardu de tous ceux qui se posent dans l'Economie, à savoir le conflit entre l'intérêt individuel et l'intérêt social, conflit qui est la croix de tous ceux qui cherchent une solution sociale. Fourier pense qu'en décomposant le revenu total en une quantité de parts, auxquelles chacun aura droit à des titres différents et souvent à des titres opposés, il arrivera à fondre, à noyer, si je puis dire, les intérêts individuels dans l'intérêt de la série, et les intérêts de la série dans l'intérêt supérieur de la phalange.

Quelles sont les autres solutions de ce conflit qui ont été déjà données ou proposées ?

Voici la solution des économistes qui est bien simple : « Il n'y a qu'à laisser faire, et vous verrez que par la loi de la concurrence, par le jeu de la loi de l'offre et de la demande, par le conflit des intérêts individuels, va finalement être réalisée la satisfaction des besoins sociaux, le maximum d'utilité sociale. C'est cette croyance qui fait le fond de toute l'Economie politique ou du moins de toute celle qu'enseigne l'école libérale classique.

Ceux qui ne partagent pas cette foi optimiste dans la conciliation spontanée entre les intérêts individuels et l'intérêt général, cherchent alors la solution du conflit dans des limitations imposées à l'intérêt individuel : — soit limitations imposées par l'autorité, telles que celles imposées aux patrons et aux ouvriers eux-mêmes par la législation ouvrière ou par la législation sur la propriété foncière; — soit restrictions volontaires que l'on demande à l'individu de s'imposer lui-même au nom de la morale ou de la religion. C'est la solution de ceux qui, dans les grèves, s'interposent en disant aux patrons et aux ouvriers : renoncez les uns et les autres à réclamer tout votre droit. C'est comme dans un wagon trop plein où l'on se querelle : allons, un peu de bonne volonté ! que chacun se serre un peu ! Ce sont les réformistes.

Et d'autres doctrines extrêmes enseignent, soit que l'individu est tout, l'intérêt social n'étant qu'une fiction — soit, à l'inverse, que l'intérêt de l'individu n'est rien en regard de l'intérêt du corps social dont il n'est qu'une infime cellule.

Eh bien, ce qu'il y a d'original dans Fourier c'est qu'il rejette avec mépris chacune de ces trois solutions; il ne veut ni du laisser-faire qu'il appelle « la civilisation », ni de la solution communiste qu'il a en horreur, ni moins encore de la solution morale ou religieuse qui demande à l'individu de sacrifier ses intérêts et ses appétits pour le bien de tous.

Voici d'ailleurs comment il s'exprime : « L'ordre civilisé (ceci pour la solution capitaliste des économistes) ne sait répartir équitablement que sur le capital, en raison des versements : c'est un problème d'arithmétique et non de génie, c'est là l'obstacle qui a épouvanté tous les siècles et empêché les recherches. Pour le deuxième cas du problème de répartition, la solution communiste met en jeu la communauté des biens, l'abandon à la masse; c'est avouer qu'on n'ose envisager le problème d'association ».

Mais alors, que propose-t-il comme solution ? Voici comment il s'exprime :

« C'est par les impressions cupides que l'on va mener tous les Harmoniens à la justice pondérée; voici le triomphe de la cupidité tant diffamée par les moralistes. Dieu ne nous aurait pas donné cette passion (la cupidité) s'il n'avait pas prévu un emploi utile à l'équilibre général; déjà prouvé que la gourmandise, également proscrite par les philosophes, devient voie de sagesse et d'accords individuels dans les séries passionnées. On va voir que la cupidité produit le même effet, qu'elle devient voie de justice distributive, et qu'en créant nos passions, Dieu fait bien tout ce qu'il fait. »

Suffira-t-il donc de laisser agir tous les instincts, tous les intérêts, toutes les passions et (il ne craint pas d'employer ce mot) toutes les cupidités des individus ?

Si je m'arrêtais là, vous me diriez c'est simplement la thèse du laisser-faire sous une forme outrée. Mais nullement, car, après avoir posé le principe, Fourier le soumet aussitôt à cette condition d'une organisation préalable : laisser agir les passions, la cupidité, oui, mais après les avoir engrenées dans un mécanisme extrêmement compliqué qui aura justement pour effet, dans sa pensée, d'éparpiller ces intérêts individuels en menus fragments et même de les mettre en antagonisme les uns avec les autres. C'est ainsi que les conflits entre l'intérêt individuel et l'intérêt social s'annuleront en s'opposant.

« Si chacun des Harmoniens était, comme les civilisés, adonné à une seule profession, s'il n'était que maçon, jardinier, charpentier, chacun alors aurait intérêt à faire prévaloir sa profession, à faire adjuger le résultat principal aux maçons s'il est maçon, aux charpentiers s'il est charpentier. Mais en Harmonie où chaque homme ou femme est associé d'une dizaine de séries différentes, personne n'est intéressé à faire prévaloir immodérément l'une d'entre elles; chacun, par son intérêt même, est obligé d'agir en mode inverse des civilisés et de voter en tous sens pour l'équité. »

Pour bien comprendre cette explication, représentez-vous la vie d'un des habitants du phalanstère, ce qu'il appelle un Harmonien. Il fait partie de 20, 30, 40 séries différentes; l'une pour le jardinage, l'autre pour la construction, l'autre pour la serrurerie, l'autre pour la cuisine, etc. Chacune des ces séries, vous le savez, a un coefficient différent, l'une étant de nécessité, l'autre d'utilité, l'autre simplement d'agrément, en sorte que le même individu se trouve associé dans des séries qui ont des coefficients inégaux. Quand donc il s'agit de classer ces séries, classement qui déterminera la part dévolue à chacune, ce sociétaire, se trouvant membre d'un grand nombre de séries et sachant bien que toutes celles auxquelles il appartient ne peuvent être classées en première ligne, ne se préoccupera pas de faire avantager l'une de préférence à l'autre.

De même pour la part du talent. Dans chaque série il y a un ou plusieurs chefs qui bénéficieront de la part due au talent; et, par conséquent, dans chaque série, il y a au moins un travailleur, peut-être plusieurs, qui ont droit à cette part spéciale du talent ou qui, s'ils ne sont pas en rang cette année, pourront être candidats éventuels pour l'année suivante, en sorte qu'il n'a pas intérêt à faire diminuer la part due au talent. Quant à la part attribuée au capital, il ne faut pas oublier que dans le phalanstère presque tous les membres possèdent une ou plusieurs actions bancaires, foncières ou ouvrières et, par conséquent, ils n'ont pas intérêt à diminuer la part du capital. Alors, vous comprendrez l'idée de Fourier qu'il résume ainsi :

« Absorber la cupidité individuelle dans les intérêts collectifs de chaque série. En harmonie, où les intérêts sont combinés et où chacun est associé, ne fût-ce que pour la proportion de bénéfice assignée au travail, chacun désire la prospérité de tous, chacun souffre du dommage qui atteint la moindre portion de territoire. »

Fourier se représente sa société future comme une espèce de montre où chaque roue, n'ayant pour moteur que son intérêt individuel, voudrait tourner à son gré, mais comme chaque roue est engrenée avec une autre et ne peut se mouvoir isolément, il se trouve que toutes les roues sont obligées de tourner ensemble et de donner cette harmonie qui s'appelle l'heure juste.

Il y a tout de même à retenir de cette solution de Fourier quelque chose : c'est la préoccupation de la fusion des classes, réfutation anticipée du marxisme.

On sait que pour les socialistes, et surtout pour les marxistes, tout le système économique dans nos sociétés modernes est fondé sur l'antagonisme de deux classes dressées l'une contre l'autre, la classe capitaliste et la classe ouvrière. Cette lutte de classes donnerait la clé de toute l'histoire, en attendant le jour où elle cessera par l'absorption de la classe capitaliste — je ne dirai pas dans la classe ouvrière, puisque ce jour là il n'y aura plus de classes — mais dans la nation une.

Les socialistes marxistes ne parlent jamais que de deux classes : ils tiennent beaucoup à ce qu'il n'y en ait que deux parce que c'est justement par cette bipartition que l'on crée le conflit.

Les économistes de l'école catholique et de l'école de Le Play disent trois classes, parce qu'ils comptent la classe moyenne, et même ils attribuent une grande importance pour la paix sociale à cette classe moyenne parce qu'elle doit jouer le rôle de tampon entre les deux classes antagonistes, quoique peut-être pour recevoir des coups des deux côtés.

Or Fourier, lui, en compte seize! « Il existe en civilisation 16 classes, non compris l'esclavage. »

Fourier ne conteste donc pas la division par classes ni les antagonismes qui en résultent. L'ordre civilisé, dit-il, dans une image superbe, est une hiérarchie à double échelle : « échelle ascendante de haines, échelle descendante de mépris ».

Mais il espère, par son système, réaliser la fusion des classes en les divisant en groupements ou séries dont chacune comprendra les représentants de toutes les classes, riches et pauvres, ouvriers et patrons — en remplaçant, comme on dit aujourd'hui, les divisions horizontales par des divisions verticales. Par là, le système de Fourier peut être considéré comme un avant-coureur du système tout moderne, car ce n'est guère que depuis trois ans qu'on en parle, celui que l'on appelle le *Guild socialism* en Angleterre, le « socialisme corporatif », si vous voulez.

En France, le système préconisé par la C. G. T. et formulé dans les mémoires peu connus du Conseil Economique du Travail — conseil éphémère constitué sous son patronage — système désigné sous le nom, qui n'est pas très clair, de « nationalisation industrialisée », — fonde de même la société de demain sur une organisation professionnelle du travail, chaque industrie se gouvernant elle-même et répartissant entre ses membres les valeurs produites.

A ce programme syndicaliste ouvrier s'oppose un programme syndicaliste patronal qui est préconisé par des économistes appartenant au parti d'extrême-droite en politique ou aussi par des hommes appartenant au monde des affaires. Cette Economie Nouvelle (2) a aussi pour base l'organisation professionnelle par industries — mais, bien entendu, sans exclure les patrons. On espère, comme Fourier, qu'entre les membres de ces

---

(2) C'est le titre du livre d'un des représentants de cette école, M. Georges Valois.

associations — travailleurs manuels, ingénieurs, techniciens, inventeurs, financiers, chefs d'industrie — se formerait un esprit de solidarité, le sentiment de coopérer à une même œuvre.

L'un et l'autre de ces systèmes ont ceci de commun qu'ils tendent à mettre le gouvernement économique entre les mains des professionnels — soit producteurs ouvriers, soit producteurs techniciens, soit producteurs capitalistes — et c'est pourquoi les coopérateurs ne peuvent s'y rallier (3).

L'organisation fouriériste ne donnerait pas prise au même grief, car il ne faut pas oublier que la phalange est moins une association coopérative de production qu'une association de consommation. « Association domestique », ainsi la nomme Fourier, ce qui veut dire qu'elle n'est qu'un ménage agrandi et que tout y est organisé en vue de la consommation la plus abondante et la plus économique.

---

(3) Voir la première leçon de notre cours sur le *Juste Prix*.

CHAPITRE V

L'École de Fourier et les Expérimentations fouriéristes

§ 1. Les anticipations de Fourier

Fourier n'a pas été un savant; ce n'est pas sa faute, car il avait été presque toute sa vie petit employé de magasin. Mais on pourrait avoir l'esprit scientifique sans avoir une forte culture. Or, cet esprit scientifique paraît faire tout à fait défaut à Fourier, ou plutôt il n'en a que la caricature. Et pourtant il a préalablement posé lui-même les bases d'une méthode qui, s'il s'y était tenu, aurait été excellente, mais dont il semble s'être appliqué à prendre le contre-pied. On peut dire que les règles posées par lui-même constituent précisément l'exacte critique de toute son œuvre. Les voici :

« 1° Observer les choses que nous voulons connaître et non pas les imaginer;

« 2° Se rallier à la vérité expérimentale, n'admettre que la vérité confirmée par l'expérience;

« 3° Croire que tout est lié dans l'univers et qu'il y a une unité entre ses parties. »

On ne saurait mieux dire, même aujourd'hui. Observer, vérifier par l'expérimentation, admettre l'interdépendance de toutes les lois et de tous les faits, voilà qui est excellent. Mais, si on ne peut méconnaître chez Fourier une faculté d'observation très aiguë et dont nous avons donné maints exemples, ses observations se trouvent submergées par un torrent d'imagination qui confine à la démence. Quand donc il recommande de ne pas « imaginer » ce qu'on veut connaître, il semble se moquer de lui-même.

Les faits ne sont pas pour lui le roc sur lequel il bâtira son système, mais le tremplin d'où, comme un clown, il sautera jusqu'aux étoiles.

Donnons un exemple : voici comment il se représente l'évolution des sociétés humaines : l'évolution de l'humanité s'étendra sur une durée de 80.000 ans qui se divise en quatre périodes.

La première, celle de l'enfance, ne doit durer que 5.000 ans. Celle-ci se divise à son tour, en une première période qui a été l'Edenisme (le Jardin d'Eden); la deuxième, qui a été l'état sauvage; la troisième, l'état barbare; la quatrième, la civilisation, celle-ci dans laquelle nous sommes encore.

Alors viendra la période ascendante, qui commencera par le Garantisme, puis par l'Harmonie, et qui durera 35.000 ans. Quand elle aura atteint son apogée, alors viendra la période descendante, qui durera 35.000 ans. Et enfin l'histoire de l'humanité se clôturera par une période de 5.000 ans, exactement symétrique à celle de l'enfance.

Sans doute, on ne peut reprocher à Fourier d'ignorer ce que l'on n'a découvert qu'après lui — par exemple que la période de civilisation, à elle seule, dure depuis beaucoup plus de 5.000 ans, puisque la civilisation égyptienne, qui était déjà très avancée, remonte au moins à 4.000 ans avant Jésus-Christ, et la période barbare peut-être à des centaines de milliers d'années; quant à la période édenique, on n'en a trouvé trace que dans les légendes des âges d'or et des paradis perdus — mais on est en droit de lui reprocher d'avoir affirmé ce qu'il ignorait, et surtout d'avoir affublé sa rêverie de précisions ridicules qui ne sont que la caricature de la science.

De même aussi, si de l'histoire nous passons à la psychologie, nous trouvons le même système de constructions *a priori*. Il y a 13 passions qui gouvernent les hommes: 5 dites passions « individuelles » parce qu'elles servent à satisfaire aux besoins du corps et de la vie, lesquelles sont les cinq sens : la vue, l'ouïe, le toucher, le goût, l'odorat; — puis 4 passions dites « sociales » parce qu'elles assurent les rapports de l'individu avec ses semblables: l'amour, l'amitié, la parenté du sang, l'ambition; — puis 3 qu'il appelle « distributives » parce qu'elles tendent à grouper les individus en séries ordonnées qui sont : la cabaliste, la papillonne, la composite. Et au-dessus, la 13ᵉ, l'harmonique, qui synthétise toutes les autres.

Et je vous fais grâce des correspondance et symétries que Fourier établit entre la gamme de ces passions sociales ou distributives, et celle des 7 couleurs du prisme, des 7 notes de la musique, des 7 planètes, etc.

Voilà ce qu'il appelle observer et non imaginer ! (1).

Mais, à défaut d'esprit scientifique, il a été doué à un degré incroyable d'une faculté véritablement merveilleuse de prévision, d'autant plus remarquable que précisément ces visions n'étaient fondées sur aucune donnée scientifique et d'inspiration divinatoire, une sorte de don de seconde vue, comme celui que la légende populaire attribuait autrefois aux devins et qu'aujourd'hui on attribue aux médiums.

M. Vandervelde, le grand socialiste belge, vient de faire ces jours-ci une conférence sous ce titre « Les prophéties de Karl Marx » : on pourrait faire à beaucoup plus juste titre une conférence sous le titre « Les prophéties de Fourier », et précisément c'est le titre que j'avais donné à une conférence faite il y a quelque trente ans, et dont tout le cours que nous avons fait ici n'a été que le développement (2).

Je me borne à rappeler les plus caractéristiques des prophéties.

Dans le domaine de l'alimentation, c'est la réhabilitation du sucre et des confitures, alors que toutes les raisons hygiéniques qui la justifient aujourd'hui étaient absolument inconnues.

Dans l'ordre de la production, c'est le développement de l'arboriculture qui a fait depuis lors de si grands progrès dans divers Etats des deux Amériques.

---

(1) Je dois dire cependant que dans son livre sur *L'Evolution des Valeurs*, M. Bouglé, rappelant la classification des passions de Fourier, écrit : « A la théorie classique, étroite et sèche, il oppose le plus riche inventaire qu'on ait jamais dressé des virtualités humaines. »

(2) Elle se trouve dans les trois premières éditions (pas dans la dernière) du livre *Coopération*.

Dans le domaine du commerce et des transports, c'est l'anticipation des moyens de transports ultra-rapides, soit par terre, soit même par les airs, soit par les canaux interocéaniens.

Dans l'ordre de la répartition, c'est la constitution des sociétés à participation ouvrière, ce que nous appelons aujourd'hui l'actionnariat ouvrier et qui est absolument la réalisation de la formule donnée par Fourier.

Dans le domaine de l'éducation, ce sont les organisations des *boys scouts* qui auraient fait le bonheur de Fourier s'il avait pu voir ces régiments de jeunes garçons, ces « petites hordes », comme il les appelait, allant camper dans les bois, prenant des leçons de chefs Peaux-Rouges, quand on a pu en faire venir de plus ou moins authentiques, s'occupant des animaux, et ayant pour devoir de faire une bonne action chaque jour.

Peut-être faudrait-il noter encore la sympathie pour les animaux qui est un des traits touchants de la doctrine de Fourier; confier aux enfants le soin des bêtes et faire précisément de ce soin des animaux une des branches de l'éducation, voilà un trait qui révèle à la fois un fin psychologue et une belle âme.

C'est encore l'idée des jardins d'enfants. C'est l'égalité des sexes. C'est la réalisation d'une langue internationale.

Et d'autres anticipations qu'on trouverait éparses dans ses livres et qui suffisent pour justifier la place que Fourier occupera toujours dans l'histoire du socialisme.

§ 2. L'école Fouriériste en France

Fourier a subi cette déception, fréquente chez tous les inspirés, depuis Moïse, de ne pas voir la réalisation du plan qu'il avait minutieusement tracé. Et cependant, il s'est trouvé que le capitaliste qu'il attendait chaque jour, est venu finalement! C'est un député du département de Seine-et-Oise, M. Baudet-Dulary, grand propriétaire dans ce même département. En 1833, donc à la fin de la vie de Fourier, puisque celui-ci est mort en 1837, M. Baudet-Dulary prit rang parmi les quelques disciples que Fourier avait pu grouper à la fin de sa vie : il y apporta tout son cœur et, ce qui était important pour Fourier, toute sa bourse. Il vendit une partie de ses terres, en acheta d'autres et constitua tout un grand domaine de 500 hectares, à Condé-sur-Vesgres, petite localité de Seine-et-Oise, pas très loin de Paris, et il constitua une société, pour exploiter ce domaine sous le régime phalanstérien, au capital de 1.200.000 fr., soit 2.400 actions de 500 francs, dont M. Baudet souscrivit la plus grande partie.

Pour commencer, les plans furent établis de façon à recevoir 5 à 600 colons, par conséquent moins que le phalanstère intégral qui, vous vous en souvenez, devait comprendre 1.600 personnes.

On fit venir architectes et maçons et on commença à bâtir le phalanstère. Seulement on s'arrêta bientôt pour deux raisons. D'abord parce qu'on ne trouva pas le capital nécessaire : les souscripteurs d'actions firent défaut. M. Baudet, très généreusement, couvrit toutes les dépenses, mais il ne pouvait pourtant constituer la société à lui seul, car alors ce n'aurait plus été un phalanstère, mais une fondation individuelle et par conséquent, même en cas où l'entreprise aurait réussi financièrement, c'eut été une expérience manquée socialement.

Il y eut une autre raison à cet échec que le manque de capital: c'est que Fourier lui-même, au lieu d'encourager cet excellent M. Baudet et de l'appuyer moralement, prit très mal cette expérience. On pouvait s'y attendre parce qu'il avait dit lui-même, dans un de ses livres : « Je me borne à dire aux fondateurs présomptifs que là où je serai, la mécanique marchera bien et ne fera pas une faute, malgré l'absence de moyens suffisants; là où je ne serai pas, on commettra les pires maladresses; les mauvais pilotes feront chavirer la barque et s'en prendront à moi, dont ils n'auront pas suivi les instructions. »

Ce langage péremptoire vous laisse à penser que ce ne dut pas être toujours commode pour M. Baudet, ni pour l'architecte, de réaliser les plans de Fourier!

En outre, quand on pense combien il avait l'esprit méticuleux, avec quels détails il décrit dans ses livres les galeries vitrées, les caravansérails, les pavillons d'angles et du centre, et que sans doute il voulut faire exécuter tout cela à la lettre, on peut imaginer combien il provoqua de résistances, qui l'irritèrent. Voici du reste comment il s'exprime sur cette expérience : « On a répandu que j'ai fait un essai à Condé-sur-Vesgres et qu'il n'avait pas réussi. C'est encore une calomnie. C'était un architecte qui ne voulait rien admettre de mon plan, c'était un esprit de contradiction repoussant tout ce qui ne venait pas de lui, un anglomane forcené qui ne voulait faire que ce qu'il avait vu en Angleterre; ou plutôt ses inventions variaient du soir au lendemain. En vain, je lui représentai qu'il ne pouvait avoir vu en Angleterre des bâtisses distribuées pour l'industrie par séries de groupes, car rien de ce genre n'existe nulle part. Il ne tint pas compte de cela et après avoir changé dix fois de plan, il commença par élever une grande bâtisse sur un terrain au-dessous du niveau des eaux. Je ne pouvais adhérer à ce galimatias de bâtisse qui n'aurait en rien servi à l'industrie combinée; j'abandonnai la partie, je ne m'en mêlai plus, ne voulant pas me compromettre en paraissant coopérer à cette disposition qui n'était d'aucun emploi pour le mécanisme sociétaire. »

Evidemment, c'est là s'expliquer sans indulgence sur le compte de ces braves gens qui étaient venus apporter, comme je le disais tout à l'heure, tout leur cœur et leur argent à la réalisation de son système.

Le projet fut donc abandonné; il y avait cependant un commencement de bâtisse, guère plus de 1/10e des constructions. Le domaine a été vendu depuis, mais il porte encore, non sur le plan cadastral, mais sur la carte d'Etat-major, le nom de Phalanstère, et on peut retrouver les premières ébauches de construction qui se trouvent englobées dans des bâtiments de ferme construits ultérieurement. Il reste aussi un vestige de cette expérience, à côté, sous l'aspect d'une maison avec un petit parc qui appartient encore aujourd'hui à un petit groupe de disciples de Fourier. On ne peut y trouver un phalanstère, puisqu'on n'y travaille pas, mais c'est une maison de villégiature où les Fouriéristes peuvent venir faire une partie de chasse ou de pêche, ou même s'y installer quelques semaines. On y mange à table commune, à très bon marché puisqu'on partage la dépense entre tous les consommateurs, comme dans les mess d'officiers ou dans les villégiatures coopératives aujourd'hui devenues assez nombreuses (1).

Voilà tout ce qui reste, en France, comme réalisation du phalanstère : c'est bien peu de chose vous le voyez. Il n'y a rien de plus à l'étranger; nous parlerons tout à l'heure des nombreuses sociétés communistes qui se sont fondées aux Etats-Unis.

Mais, à défaut de réalisations pratiques, une école peut vivre par les doctrines. Est-ce le cas pour celle de Fourier?

Cette Ecole a été lente à se former. Pendant que Fourier vivait à Besançon, il avait recruté autour de lui une petite cour, dont les principaux membres étaient un employé à la Préfecture, une vieille dame — il s'est trouvé souvent, à l'origine des écoles sociales, de vieilles dames — et aussi un tout jeune homme, candidat à l'Ecole Polytechnique, qui devait devenir un peu plus tard le gendre de la vieille dame en question, et surtout qui devait devenir le plus brillant disciple de Fourier, Victor Considérant.

Quand Fourier eut quitté Besançon, et les autres villes de province où il avait successivement séjourné, pour s'établir à Paris, ayant pris sa retraite comme négociant, alors il vit se grouper autour de lui un peu plus de disciples, en petit nombre tout de même, car ses livres n'avaient aucun succès; les éditions restaient tout entières chez les libraires. Cependant, le moment était propice, car il avait cette chance que la date de

(1) On peut indiquer quelques autres tentatives mais avortées avant de naître : à Cîteaux en 1840, par Young; à Saint-Denis-du-Sig, en Algérie, par un officier. Voir le livre de M. Hubert Bourgin que nous indiquons à la fin de ce volume.

son arrivée à Paris (1830-32) coïncidait avec la dissolution de la grande école de Saint-Simon. Le maître était mort déjà depuis un certain nombre d'années, mais il avait ses disciples, Enfantin et Bazard, qui jouissaient du plus grand prestige dans le monde des intellectuels, des polytechniciens, des ingénieurs. Or, à l'époque où Fourier arrivait à Paris, les Saint-Simoniens s'étaient installés dans une maison de retraite à Ménilmontant et là, en pantalon blanc, habit bleu, gilet rouge, ils pratiquaient les rites d'un espèce de religion mystique, attendant la femme, la prêtresse, qui ne venait pas. Finalement, ils furent poursuivis devant le tribunal de police correctionnelle, non pour question de mœurs mais pour infraction à la loi sur les associations. Ils furent condamnés à une peine légère. Au reste, ce ne fut pas cette condamnation, ce fut le ridicule qui tua cette école, pour un temps seulement, car nous la voyons en ce moment reprendre une certaine vie (1). Ainsi, la petite école de Fourier se trouva là juste à point pour recueillir les épaves de ce grand naufrage, non point comme continuant l'école Saint-Simonienne mais tout au contraire comme ayant dénoncé ses erreurs et offrant un asile aux disciples déçus, désabusés de cette célèbre école. Quelques-uns y vinrent en effet, mais non les plus célèbres.

C'est alors qu'on commença à parler du fouriérisme dans les journaux. En 1832, pour la première fois, parut un petit journal hebdomadaire sous le nom *Le Phalanstère*, puis *La Phalange* (1832-1840).

Ainsi, Fourier eut avant sa mort, mais bien peu de temps puisqu'il mourut en 1837, la consolation de voir se former autour de lui un petit groupe et de voir ses idées faire un peu de chemin, en France et même à l'étranger.

La mort de Fourier, en 1837, donna une certaine impulsion à son école, ce qui arrive assez souvent, car les

(1) Notamment dans une revue portant pour titre celui même du journal Saint-Simonien *Le Producteur*.

écoles ne souffrent pas de la mort de leur fondateur. Au contraire, cette mort, les articles et oraisons funèbres dont elle fournit l'occasion, leur font toujours une réclame. L'école grandit assez rapidement pendant la période qui va de 1832 jusqu'à la Révolution de 1848; elle grandit tout spécialement sous l'influence et la direction d'un disciple de Fourier dont je viens de parler, Victor Considérant. Celui-ci avait fait un livre intitulé : « La Destinée sociale » qui est un exposé de la doctrine de Fourier beaucoup plus méthodique, plus clair et plus éloquent, que les livres du maître. Malheureusement, Considérant ne s'occupait pas uniquement des questions sociales mais plus encore de politique, à la différence de son maître qui l'avait en horreur. Pour remplacer *La Phalange*, qui avait cessé de paraître dès 1840, il créa en 1843 un nouveau journal, mais plutôt politique que social, *La Démocratie pacifique,* titre qui indique assez bien le caractère du journal à la fois anti-gouvernemental (gouvernement de l'époque) et anti-révolutionnaire.

Quand éclata la Révolution de 1848, les Proudhoniens, les communistes, les disciples de Louis Blanc, furent au premier rang. Quant aux fouriéristes, ils se montrèrent moins ardents, car, quoique républicains sans doute, ils étaient aussi contre-révolutionnaires. Néanmoins, quand vint le coup d'Etat de Napoléon III, et quoique Napoléon III, avant d'avoir été candidat à l'Empire, eût été en coquetterie avec le socialisme et particulièrement avec le fouriérisme pour lequel il s'était montré bienveillant, le fouriérisme fut englobé avec toutes les autres écoles socialistes dans les mêmes proscriptions, et Victor Considérant, qui était le chef, jugea qu'il n'avait rien de mieux à faire que de s'exiler. Il alla en Amérique, fonda au Texas un phalanstère, expérimentation qui échoua de la façon la plus complète, dans laquelle il engloutit 2 millions, la totalité de sa petite fortune et celle de beaucoup d'autres. Après ce lamentable échec de l'expérience socialiste au Texas, Considérant revint en France, découragé, et abandonna absolument la partie, et on peut dire que pendant tout le second Empire et même assez longtemps après, pendant une trentaine d'années, le fouriérisme fut en état de léthargie, sinon complètement mort.

Mais en 1888 il y eut un petit réveil, sans cause bien déterminée. Dans l'histoire des écoles, ce phénomène est assez fréquent. A ce moment-là, un fouriériste, vivant aujourd'hui, M. Raymond Duval, reprit le système fouriériste, créa une société, acheta un domaine, essaya de recommencer l'expérience de Condé en installant un phalanstère; mais ce second essai ne réussit pas mieux que les précédents. Tout de même, on fonda un journal, *La Révolution sociale*, on célébra pieusement, chaque 5 avril, la naissance de Fourier dans un banquet fraternel où se trouvait arboré le drapeau fouriériste, l'arc-en-ciel avec les 7 couleurs du prisme, et où l'on entendait des toasts enthousiastes en vers et en prose; on ouvrit une bibliothèque fouriériste, près d'ici, rue Monsieur-le-Prince; on organisa des conférences, et je me rappelle même avoir eu l'honneur d'y participer.

Il y eut aussi à cette date une adhésion éclatante, celle de Zola, qui, dans un de ses romans « Le Travail » (qui, il faut bien l'avouer, est le plus ennuyeux de tous ceux qu'il a écrits), fait de son héros, Luc, un adepte enthousiaste de Fourier; il le montre créant une cité ouvrière exactement conforme au programme de Fourier.

Mais, si petite que fut l'école, elle ne put éviter les dissensions intestines et finalement un schisme qui la tua. J'ai reçu dernièrement un numéro de *La Rénovation sociale* où l'on annonce que ce sera probablement le dernier.

Cependant, il y a encore, il y aura sans doute toujours des disciples de Fourier. C'est comme ces feux qui paraissent éteints et étouffés sous les cendres, mais parfois, quand vient un souffle de vent favorable, on voit des étincelles jaillir et la flamme se raviver un moment. Il y a eu ainsi dans l'histoire de cette école de Fourier de nombreux petits réveils, ce ne sera probablement pas le dernier, mais sans que rien de tout cela annonce cependant une résurrection.

Ce n'est donc pas sans une grande exagération que

Georges Sorel, l'auteur du fameux livre *Réflexions sur la violence*, a pu écrire dans un article, déjà ancien, il est vrai, en 1895 :

« Les idées de Fourier sont restées très vivantes dans notre pays; on peut dire que sur dix Français s'occupant de questions sociales, il y en a neuf qui sont des fouriéristes incomplets ou illogiques; la quintessence de leurs doctrines ou plutôt de leurs solutions est passée dans le domaine commun. »

En dehors des associations coopératives dont nous parlerons la prochaine fois — je ne vois pas quelles sont les solutions de Fourier qui sont tombées dans le domaine commun — quoique, il est vrai, bon nombre de faits actuels aient été pressentis par lui, mais ceci est autre chose. On comprend d'ailleurs difficilement comment l'école de Fourier aurait pu grandir, car où aurait-elle recruté ses adhérents? Pas parmi les révolutionnaires ni les militants, comme l'a fait l'école de Proudhon, parce que le système de Fourier est trop conservateur et même trop capitaliste pour séduire la classe ouvrière et les révolutionnaires. Et, d'autre part, sa doctrine est trop fantaisiste, trop utopique, trop peu pratique en tout cas, pour séduire les industriels, les bourgeois, comme l'avait fait l'école de Saint-Simon qui compta parmi ses disciples les grands bourgeois de son temps : Pereire, le fondateur des grands établissements de crédit; Talabot, un des créateurs du réseau des chemins de fer français; Lesseps, le constructeur de l'isthme de Suez, et un illustre économiste qui a enseigné dans ce Collège pendant bien longtemps, Michel Chevallier. Le fouriérisme n'a pas attiré à lui non plus, comme l'a fait Tolstoï, ceux qui s'inspirent d'un idéal religieux, ou tout au moins d'un idéal mystique, car Fourier était trop amoraliste, trop sensualiste, pour attirer ceux qui pensent que les hommes sont conduits par des forces morales.

Voilà pour la France, mais à l'étranger le fouriérisme aurait-il trouvé plus d'échos? En Allemagne, où on trouve toujours des esprits curieux pour n'importe quelle doctrine (c'est en Allemagne que notre poète de langue provençale, Mistral, a trouvé les admirateurs et les commentateurs les plus enthousiastes), Fourier aussi a trouvé quelques économistes socialistes qui ont exposé ses doctrines avec sympathie, mais il n'a pas fait école à proprement parler.

§ 3. Les expérimentations fouriéristes aux États-Unis

Il y a un pays où, pendant quelques années, l'on a pu croire que le fouriérisme, comme tant d'autres émigrants, trouverait une nouvelle patrie, je veux parler des Etats-Unis. Au moment où se constituait l'école de Fourier, c'est-à-dire quelques années après la mort du maître, en 1840, il y avait là, comme dans tous les pays anglo-saxons, un mouvement, je ne dis pas socialiste mais socialisant, un sentiment général que l'ordre des choses actuel était mauvais, surtout en ce qui concerne les rapports entre le capital et le travail, et qu'il fallait trouver quelque chose d'autre. Est-il besoin de vous rappeler que la date célèbre de la naissance de la Société des Pionniers de Rochdale est 1844, mais sa conception est de 1842, et il y avait déjà alors en Amérique un certain nombre de colonies communistes avec un caractère nettement religieux.

A cette date, se trouvaient de passage en France deux Américains, Channing et Brisbane.

Le premier, oublié peut-être par la génération de ceux qui m'écoutent mais qui cependant a fait l'objet d'un livre et d'un cours professé au Collège de France par M. de Laboulaye, Channing, était un des chefs d'une grande église protestante américaine qu'on appelle les Unitariens, tout à fait à gauche. Quand Channing vint en France il entendit parler du fouriérisme et fut tout à fait séduit, à ce point qu'il écrivit : « Nous tenons vraiment le fil du labyrinthe et le moyen d'appliquer aux faits de la vie les préceptes de l'amour universel. »

Sitôt rentré en Amérique, il n'eut rien de plus pressé que de faire de la propagande pour le système fouriériste. Il y avait à ce moment aux Etats-Unis une association qui venait de se fonder, en 1841, association non pas précisément communiste mais pour l'éducation morale de ses membres ; elle avait pris pour nom « Association pour l'éducation et le travail industriel ». Brookfarm, c'était le nom du lieu où elle était située, présentait déjà certains caractères qui l'apparentaient au phalanstère. Les membres de cette association vivaient sous le même toit, mangeaient à la même table, travaillaient en commun, les uns d'un travail manuel, les autres d'un travail intellectuel; ou mieux encore, les intellectuels se faisaient travailleurs de leurs mains et les manuels travailleurs de l'esprit. Des salaires égaux étaient payés à tous les membres, mais il était entendu que, quoique le travail fut libre, chacun devait produire par son travail quotidien l'équivalent de son entretien dans la maison.

Vous voyez donc que Channing trouva à Brookfarm un milieu tout préparé pour les idées fouriéristes; il n'eut donc pas de peine à convertir les membres de Brookfarm, si bien que, dès l'année suivante, en 1844, ils rédigèrent un manifeste dont voici quelques lignes :

« Nous désirons proclamer ici que, d'une part, nous acquiesçons sans réserves à la doctrine de l'Unité Universelle enseignée par Fourier et que, d'autre part, toutes nos observations nous ont montré la vérité des arrangements pratiques déduits par Fourier de sa théorie. La loi des groupes et séries est, nous en sommes convaincus, la loi de la nature humaine. Quand les hommes réaliseront les vraies relations sociales, l'organisation industrielle revêtira naturellement cette forme. »

On s'appliqua alors à Brookfarm à préciser les caractères, qui n'étaient encore qu'ébauchés, d'une association réellement « sociétaire » c'est-à-dire à l'organiser par groupes et séries et même à construire un vrai phalanstère. On acheta un domaine assez grand, de 208 acres (ce qui fait 80 hectares), pour 22.000 dollars, mais il fallait le payer. On demanda 100 souscripteurs de bonne volonté, s'engageant à payer 100 dollars chacun pendant trois ans, ce qui aurait fait 30.000 dollars. Ce n'était pas énorme, néanmoins on ne put trouver que 8.000 dollars; c'était donc, malgré l'autorité de ceux qui avaient lancé l'idée, un échec humiliant.

Tout de même, on s'installa tant bien que mal, on construisit le phalanstère sur une petite échelle. Il vint là des hommes tout à fait éminents, non seulement ceux dont je viens de parler, mais aussi d'autres, notamment Hawthorn, littérateur américain pas très connu en France, si ce n'est par ceux des enfants qui, comme moi, ont lu avec enthousiasme dans la Bibliothèque Rose ses « Contes merveilleux »; c'est la mythologie mise à la portée des enfants.

Il y avait donc à Brookfarm une véritable petite Académie. Mais ils n'eurent pas de chance; le phalanstère qu'ils venaient de construire fut incendié en 1846 et comme il n'était pas assuré et que la société n'avait pas d'argent, elle fut réduite à se dissoudre après six ans d'une vie assez glorieuse, et non sans avoir laissé un souvenir très vivant dans l'histoire du mouvement socialiste aux Etats-Unis.

Ce ne fut pas la seule aux Etats-Unis. Dans cette même période qui va de 1841 à 1845, il n'y eut pas moins de 33 associations fouriéristes, en dehors de Brookfarm, donc un véritable essaim. Mais sur ces 33 le plus grand nombre ne vécurent que un ou deux ans, la plupart quelques mois seulement; en dehors de celle de Brookfarm, il n'y en eut que trois dont la vie fut plus longue et sur lesquelles il vaille la peine de donner quelques renseignements.

Celle qui s'appela « La Phalange de l'Amérique du Nord », fondée en 1843, eut pour président et pour fondateur justement cet autre américain dont j'ai dit le nom tout à l'heure, Brisbane. Lui aussi avait été tout à fait converti au fouriérisme. Dès son retour aux Etats-Unis, il fit un livre : « Notre destinée sociale », qui était l'exposé de la doctrine fouriériste. M. Brisbane était un esprit très original, peut-être un peu plus révolutionnaire que Fourier; c'est de lui qu'on rapporte ce trait. Accosté un jour par un quidam qui lui dit tout effrayé : « Savez-vous que le monde doit finir la semaine prochaine ? » il lui répondit : « J'en suis diablement content, car cette expérimentation avait complètement raté. »

Evidemment, un homme qui pense que le monde où nous vivons est une expérimentation tout à fait manquée était tout indiqué pour faire une expérimentation nouvelle, c'est-à-dire pour créer un phalanstère. C'est ce qu'il s'appliqua à faire, avec le plus grand zèle. Dans cette association dont je viens de parler il n'était pas seul, il avait avec lui un Américain, inconnu en France aussi, mais personnage considérable en Amérique, Horace Greeley. A eux deux, ils attirèrent dans cette colonie assez de monde, mais ils ne furent pas plus heureux au point de vue pécuniaire que les fondateurs de Brookfarm. Eux aussi achetèrent un grand domaine de 700 acres (plus de 300 hectares) pas très loin de New-York et qu'ils ne payèrent pas cher parce que c'était une terre tout à fait épuisée comme exploitation agricole. Pour payer le domaine, ils lancèrent une souscription de 400.000 dollars, mais eux aussi eurent le déboire de ne recueillir que 8.000 dollars — c'était décidément un chiffre sacramentel — ce qui ne représentait que 2 % du capital nécessaire pour l'association.

Mais eux non plus ne se découragèrent pas ! Tant bien que mal, ils firent vivre leur association et même ce fut une des plus prospères. Ils appliquèrent tout à fait le système fouriériste, divisèrent les travaux suivant la classification que vous connaissez, travaux de nécessité, d'utilité, d'agrément, avec un coefficient spécial pour les salaires de chacun; le travail était payé en bons, de façon à supprimer l'emploi de la monnaie. On vécut assez péniblement, ayant de quoi payer les salaires et même de quoi payer un petit intérêt aux capitalistes qui n'étaient pas nombreux, 4 ½ %, mais sans faire de bénéfice. Mais eux aussi furent frappés par la même fatalité que Brookfarm ! La maison fut incendiée en 1854; une telle coïncidence est si fantastique qu'on se demande vraiment s'il n'y avait pas dans les deux cas quelques associés ou sociétaires désireux de mettre fin à l'expérimentation. Elle prit fin en effet. En 1855, le domaine fut mis en vente; avec le prix de la vente on put payer toutes les dettes et même rembourser 75 % aux actionnaires, ce fut donc une fin honorable, financièrement parlant.

L'autre association, ce fut « La phalange de Wisconsin » dans l'Ohio. Ce fut celle qui s'appliqua le mieux à réaliser le système phalanstérien, notamment celui d'une table commune, qui n'avait pas été appliqué rigoureusement dans les autres. Et l'essai ne réussit guère, ce qui justifie les réserves que j'avais faites sur cette erreur de Fourier de croire que les hommes, dans un pays quelconque, se plieraient à cette vie commune. Sur les 180 membres qui composaient la phalange de Wisconsin, il y en eut 100, c'est-à-dire la majorité, qui préférèrent manger chez eux; et pourtant ils n'étaient guère confortablement installés chez eux, car chaque famille n'avait que des chambres mais point de salle à manger ni de cuisine ! Et non seulement les familles, mais même les célibataires — il y en avait dans la phalange un grand nombre — plutôt que d'aller s'asseoir à la table commune, préférèrent se mettre en pension chez les familles de la colonie et prendre leurs repas avec elles dans leurs chambres, nonobstant les conditions si inconfortables que je viens d'indiquer.

Malgré tout, ce fut celle des 34 colonies fouriéristes qui réussit le mieux; elle fit de bonnes affaires. Mais voyez quelle mélancolique leçon de choses ! alors que les autres avaient échoué faute d'argent, celle-ci échoua à raison de son succès même et parce que du jour où on vit qu'elle avait réussi, aussitôt les sociétaires se dirent : C'est le moment de partager ! Et on vota la dissolution de la société pour que chacun pût retirer sa part, en sorte qu'on peut résumer l'histoire de cette phalange par cette brève formule : pécuniairement un succès, moralement un échec.

Cet exemple est à retenir parce que tel a été le dénouement de nombreuses associations qui n'étaient pas des phalanstères. Dans les associations ouvrières de production notamment, lorsque quelqu'une avait réussi à former un gros capital, on a vu souvent les membres de l'association donner un coup de pied à cette solidarité qu'ils avaient invoquée pendant les années difficiles du début et dire : chacun va prendre sa part.

La dernière association fouriériste dont je veux vous dire un mot, quoiqu'elle soit un peu en dehors de notre sujet, c'est celle de Hopedale qui a battu le record pour la durée, puisqu'elle a duré 27 ans (1841 à 1868) et aussi comme nombre d'associés (180 à 200 personnes). Ce qui explique le succès relatif de celle-ci c'est qu'elle était une sorte de communauté religieuse, quoique laïque, bien entendu. De toutes les communautés américaines, on n'a vu de durables que celles inspirées par un idéal religieux, parce que c'étaient les seules qui aient pu obtenir de leurs membres les sacrifices de leurs goûts, de leurs besoins, de leurs caprices, de leurs personnalités même, conditions indispensables pour faire vivre et durer une communauté.

La morale indépendante ne peut suffire que quand il s'agit d'un petit groupe d'élite comme celui qui formait le noyau de Brookfarm, mais qui fut bientôt noyé dans la masse de ceux qui vinrent après.

Je me borne à rappeler, après ces expériences, celle que j'ai indiquée tout à l'heure de Victor Considérant, en 1854, au Texas, qui échoua complètement en engloutissant un capital plus considérable que les précédents. Elle eut le malheur de venir dix ans trop tard, car il n'est pas dit qu'elle n'eut réussi si Considérant était venu fonder son phalanstère vers 1844; il aurait bénéficié alors de ce grand enthousiasme pour les expérimentations sociales qui à ce moment agitait les Etats-Unis. Mais il y débarqua précisément après que toutes ces associations venaient de mourir et par conséquent dans une période de découragement général.

Citons encore une colonie qui a duré très longtemps, plus de quatre-vingts ans, et qui portait précisément le nom d'Harmonie, même de « Nouvelle Harmonie », ce qui, vous le savez, était le nom sous lequel Fourier a désigné lui-même souvent son phalanstère. N'était-ce pas sa fille ? Non, il n'y avait là qu'une similitude de nom mais aucun rapport de filiation. La colonie de la Nouvelle Harmonie avait été fondée par des communistes allemands.

Voilà donc une triste revue ! Quand on demande aux fouriéristes : Comment expliquez-vous tant d'échecs ? ils répondent : C'est parce qu'aucune de ces expérimentations n'a réalisé le programme du Maître. C'est ce qu'avait dit déjà Fourier à propos de Condé-sur-Vesgres.

Mais alors nous sommes en droit de répondre : Pourquoi donc cette réalisation intégrale n'a-t-elle jamais eu lieu ? Si l'on n'a pas réalisé le phalanstère tel que le rêvait Fourier c'est vraisemblablement parce qu'il était irréalisable, voilà tout ! C'était un problème qui dans l'ordre social était semblable à la quadrature du cercle dans l'ordre géométrique.

Si ces associations ont échoué, ce n'est pas parce que telle ou telle floriture du plan phalanstérien, telle ou telle classification par séries, n'avait pas été réalisée, mais par des causes beaucoup plus générales, celles qui ont fait échouer toutes les expérimentations plus ou moins communistes et que l'un des apôtres de ces associations dont j'ai donné le nom tout à l'heure, Horace Greeley, exposait en ces termes: « Toute tentative socialiste sera contrecarrée par un sérieux obstacle: la nature des gens qui y sont naturellement attirés. A côté d'esprits nobles et élevés, dont les intentions sont purement philanthropiques et qui sont disposés à supporter le travail et la peine pour le soutien d'une cause dont ils espèrent le bien du genre humain, se trouvent vingt fois plus de visionnaires, d'exaltés, d'égoïstes, de batailleurs, d'incompris, de gaspilleurs, de polissons, en un mot de propres à rien, qui ne se trouvent bien nulle part.... »

La thèse essentielle de Fourier, comme celle d'Owen, c'est que l'homme n'est ni bon ni mauvais, mais tel que le fait le milieu social. La morale doit donc se donner pour but non de changer l'homme, de le « convertir », mais de changer le milieu, ce qui est beaucoup plus facile puisque ce milieu est une création sociale. Mais ce raisonnement est un cercle vicieux, puisque le milieu, tout au moins le milieu social, est nécessairement créé par l'homme, et les expérimentations que nous venons de résumer montrent que si les hommes sont mauvais, le milieu créé par eux le sera aussi.

La difficulté est aggravée quand il s'agit de faire vivre une société composée de phalanstériens qui, s'ils sont fidèles à l'esprit du maître, voudront se libérer de toute discipline religieuse et même morale et ne reconnaître d'autre loi que le libre jeu des passions, d'autre directive que la papillonne ou la cabaliste, sorte d'anarchisme bizarrement truffé des préoccupations les plus capitalistes, telles que la poursuite des dividendes et des héritages.

Il y aurait eu à cette réalisation un autre obstacle : c'est le caractère agricole que Fourier a voulu donner à son phalanstère. Car c'est précisément chez les agriculteurs qu'il devait trouver le plus de résistances. Quand on s'adresse à des ouvriers, ceux-ci, par le fait même qu'ils travaillent dans des fabriques, ont pris une certaine habitude de la vie commune ou tout au moins du travail en commun; ils ont conscience, même en dehors de toute préoccupation morale, de cette solidarité qui se manifeste par ailleurs dans leurs syndicats; ils se trouveraient entraînés, dans une certaine mesure, pour la communauté phalanstérienne. Mais il en est tout autrement quand il s'agit d'agriculteurs, c'est-à-dire de la catégorie sociale dans laquelle le sentiment d'individualisme est le plus intense et dont on pourrait citer tant de preuves, ne fût-ce que la protestation de nos paysans contre cette loi qui veut établir la même heure, dite heure d'été, pour tout le monde.

§ 4. Les influences du Fouriérisme sur les diverses écoles socialistes

Mais si Fourier n'a pas laissé d'école, à proprement parler, peut-être sa doctrine survit-elle dans quelqu'une des écoles socialistes qui lui ont succédé et qui se seraient inspirées plus ou moins de lui ? Il vaut la peine de le rechercher.

Fourier professait pour les Economistes et pour l'Economie politique elle-même un souverain mépris, et il classait cette science à côté de la Métaphysique, de la Morale et de la Politique sous la rubrique des « Quatre sciences incertaines », épithète qui n'est pas tout à fait imméritée.

Mais d'abord peut-on dire que Fourier fut un socialiste ?

Dans ses écrits il n'y a rien du langage ordinaire des socialistes. C'est ainsi que non seulement il ne supprime pas l'héritage, ce qui n'est pas, à vrai dire, une condition nécessaire pour être socialiste, mais il cherche à stimuler chez les phalanstériens un sentiment qui n'est cependant pas très louable non seulement au point de vue socialiste, mais même au point de vue moral, je veux dire ce que l'on appelle cyniquement les « espérances » d'héritages. Dans le phalanstère, comme la liberté de tester ne comportera aucune restriction, chaque membre du phalanstère pourra nourrir l'espoir de recueillir une part d'héritage à chaque décès, et cette loterie, ou plutôt cette chasse aux héritages sera, nous dit-on, une des principales distractions de la vie phalanstérienne. Comme on compte environ 2 décès annuellement pour 100 personnes, les 1.600 habitants du phalanstère fourniront une trentaine de décès par an qui suffiront à entretenir d'agréables spéculations et de nombreuses intrigues. Et Fourier développe cette idée cynique avec un luxe extraordinaire de détails.

On trouvera bien d'autres traits absolument en désaccord avec toute inspiration socialiste. Ainsi, Fourier était violemment antisémite, ce qui peut s'expliquer, il est vrai, par le fait qu'il n'aime pas les marchands et que juifs et marchands vont souvent de pair.

La seule doctrine socialiste qui existât de son temps c'était le *communisme* qu'avait déjà enseigné à son époque Robert Owen, le socialiste anglais et, dans une certaine mesure, l'Ecole de Saint-Simon.

L'opinion courante c'est que Fourier était, lui aussi, communiste parce qu'on ne connaît de son système que le phalanstère et qu'on se représente celui-ci comme une espèce de couvent, alors que je vous ai montré qu'il n'y avait aucune ressemblance.

Voici comment s'exprimait Fourier sur le compte des communistes, ou du moins des Saint-Simoniens :

« J'ai assisté au prône des Saint-Simoniens dimanche passé. On ne conçoit pas comment ces histrions sacerdotaux peuvent se former une si nombreuse clientèle. Leurs dogmes sont des monstruosités à faire hausser les épaules ! Prêcher au dix-neuvième siècle l'abolition de la propriété et de l'hérédité. »

Il en eût dit autant du socialisme révolutionnaire, du bolchevisme, de la dictature du prolétariat, comme on dit aujourd'hui. Rien n'était plus antipathique à Fourier et il aurait repoussé énergiquement ces doctrines s'il avait pu les connaître. Il était si peu révolutionnaire que, comme je vous l'ai dit, il attendait la réalisation de son système et la solution de la question sociale de l'arrivée providentielle de quelque capitaliste philanthrope qui viendrait lui apporter l'argent nécessaire.

Quant au socialisme marxiste, quoique Marx paraisse avoir eu pour Fourier moins d'antipathie que pour Proudhon et le cite même assez volontiers, il n'a évidemment aucune parenté avec le fouriérisme et s'y oppose au contraire, tant par son caractère nettement ouvrier et industrialiste que par sa thèse fondamentale de la lutte des classes, et même par ses moyens de réalisation qui sont, sinon la révolution, du moins la conquête des pouvoirs publics par les élections.

Nous savons en effet que Fourier déclarait vouloir faire le bonheur des bourgeois aussi bien que des ouvriers et réunir les millionnaires et les pauvres dans une embrassade commune. Nous savons que tout en démontrant la supériorité du travail collectif sur le travail individuel, il ne veut pas de la grande industrie et limite les dimensions de ses entreprises, les phalanstères ne devant être que des associations de faible importance, 3 ou 400 familles, dont chacune se suffirait à elle-même.

On ne peut même pas dire qu'il veuille de la socialisation au sens où nous entendons ce mot, c'est-à-dire l'expropriation des capitaux, des moyens de production, pour les remettre entre les mains de la Nation. Sa socialisation ne va pas au delà de la forme coopérative, donc avec maintien de la propriété individuelle sous forme d'actions.

Et quant à ce que l'on appelle la conquête des Pouvoirs publics comme moyen d'établir légalement le collectivisme, Fourier déclare à maintes reprises qu'il ne veut aucune forme de contrainte, ni par la violence ni par la loi. Rappelons une fois de plus son aphorisme : « Tout ce qui est fait par contrainte dénote un manque de génie. »

Le syndicalisme n'a qu'un trait commun avec le fouriérisme : c'est que, comme celui-ci, il pose en principe l'abolition du salariat, mais, à tout autre point de vue, son caractère professionnel le situe à l'opposé de l'association fouriériste dans laquelle le régime des nombreuses séries et du roulement de chaque sociétaire d'une série à l'autre et d'un travail à l'autre aurait nécessairement pour effet d'empêcher toute formation d'un esprit professionnel et d'une conscience de classe : c'était même le but visé par Fourier.

Avec les écoles chrétiennes Fourier a ceci de commun : sa foi dans un plan providentiel créé par Dieu, dont l'homme s'est écarté et auquel il doit revenir — ce que l'Evangile appelle le Royaume de Dieu — mais avec cette différence fondamentale que Fourier rejette toute idée de péché et même de loi morale impérative. Le Paradis que Fourier promet à ses disciples est sur la terre, et grossièrement matérialiste. Même les houris n'y font pas défaut.

Restent donc seulement deux formes de socialisme qui peuvent plus ou moins se réclamer de Fourier : la première, c'est celle qui fait l'objet principal de ce cours, c'est-à-dire le coopératisme.

Nous essaierons de montrer dans les prochaines leçons la filiation directe qui unit le phalanstère à l'association coopérative de production et même, quoique celle-ci soit plus discutée, à la société de consommation.

Et pourtant, le coopératisme serait désavoué par Fourier sur certains points très importants. D'abord, le coopératisme a pour but de réaliser le juste prix par la suppression du profit, tandis que, au contraire, Fourier non seulement ne veut pas supprimer le désir du profit mais cherche à l'intensifier en promettant des dividendes fantastiques à tous les membres du phalanstère. En second lieu, le coopératisme a pour caractéristique une préoccupation morale et même, à diverses périodes de son histoire, une inspiration religieuse qui lui a valu d'être généralement adopté comme programme par ceux qui professent le christianisme social, tandis que Fourier, nous venons de le dire, rejette toute discipline morale comme une erreur et même, ce qui est plus original, comme une injure envers Dieu lequel, en nous donnant les passions, a bien su ce qu'il faisait !

Reste enfin la doctrine que Fourier aurait certainement saluée comme réalisant le mieux son idéal, c'est la doctrine *anarchiste;* je ne parle pas, bien entendu, des anarchistes qui emploient les bombes, et qui du temps de Fourier n'existaient pas encore, mais des anarchistes dits libertaires. Leur programme présente des traits de ressemblance frappante avec celui de Fourier.

1° D'abord, même importance donnée aux passions et aux instincts de l'homme, de l'individu, même dégoût de la civilisation, de la loi, de la religion, de toutes les disciplines;

2° La solution sociale cherchée dans la libre association. L'anarchisme a horreur du collectivisme parce qu'il y voit une grande machine destinée à englober tous les individus dans un même moule; il ne conçoit l'organisation sociale que sous la forme d'une quantité de petites associations libres et indépendantes, quitte pour celles-ci à se fédérer ensemble, si elles le veulent; c'est précisément l'idéal fouriériste;

3° La question des rapports des sexes est aussi un point commun. Fourier a été le premier « féministe » au sens de l'égalité absolue des sexes, non seulement devant la loi, mais devant la morale. Il a sur ce point énoncé quelques maximes qui, si l'on pense à la date à laquelle elles ont été écrites, sont tout à fait remarquables et telles qu'on n'a rien dit de plus hardi aujourd'hui.

« En général, les progrès sociaux s'opèrent en raison du progrès des femmes vers la liberté, et les décadences d'ordres sociaux s'opèrent en raison de la décroissance de la liberté des femmes. En résumé, l'extension des privilèges des femmes est le principe général de tout progrès social. » Et ailleurs : « Je suis fondé à dire que la femme en état de liberté, c'est-à-dire en dehors de la civilisation, surpassera l'homme dans toutes les fonctions qui ne sont pas des attributs de la force physique. »

Mais ce n'est pas seulement l'égalité des sexes au point de vue de leurs droits que Fourier réclame, c'est la liberté sexuelle la plus absolue pour les deux sexes, c'est-à-dire suppression du mariage et son remplacement non seulement par l'union libre mais par une véritable promiscuité des sexes. Pas tout de suite, il faut le reconnaître, car nous sommes encore dans « la période civilisée » et comme Fourier n'est pas révolutionnaire, il ne veut pas brusquer les choses. « Je ne prétends pas faire la critique de l'éducation civilisée ni enseigner que l'on doit donner aux femmes un esprit de liberté pour le présent », mais il nous donne le tableau que voici de la société de l'avenir :

« Toute femme pourra avoir simultanément, si tel est son goût et sans que l'opinion publique y trouve rien à redire : 1° un époux; 2° un géniteur pour avoir des enfants; 3° un favori pour vivre dans sa compagnie; 4° et de simples possesseurs. »

Et remarquez que sur ces quatre catégories les trois premières auront un caractère légal, c'est-à-dire seront mises sur le même rang; la quatrième seule ne sera pas officiellement reconnue.

4° Un caractère qui rapproche encore Fourier des anarchistes et aussi de la plupart des écoles socialistes, c'est qu'à la différence des moralistes et des nationalistes, il n'attache aucune valeur aux familles nombreuses. Il pense au contraire que l'avenir est à ce qu'il appelle l'équilibre de la population, c'est-à-dire à une natalité très restreinte et très limitée. A vrai dire, cette restriction de la population et de la natalité, il l'attend moins de la mise en pratique des procédés anticonceptionnels, préconisés par les anarchistes, que du fait même de la nouvelle organisation sociale. Il pense que la limitation de la natalité dans la société à venir sera un phénomène spontané qui résultera d'abord de la quasi-disparition du ménage et du mariage; puis aussi du fait d'une nourriture plus abondante, plus de bien-être, plus d'exercices physiques. Ce seront autant de freins physiologiques à la natalité, thèse qui sur ce point paraît confirmée par certaines observations scientifiques. « Au bout de trois générations d'Harmonie, les 2/3 des femmes seront stériles comme des fleurs que les raffinements de culture ont élevé à une grande perfection »; vous savez en effet que les fleurs doubles ne se reproduisent pas.

Ajoutons, dans cette rapide revue, un dernier trait commun à Fourier et à beaucoup de socialistes non plus anarchistes, c'est l'internationalisme au sens du pacifisme, au sens opposé au nationalisme. Fourier a été un pacifiste avant que le mot eût été inventé. Dans un livre récent de M. Puech, intitulé *Les traditions socialistes en France et la Société des Nations*, il y a un chapitre réservé à Fourier et à son école; et en effet, Fourier mérite de prendre rang parmi les pacifistes, ne fut-ce que par l'un de ses premiers écrits, antérieur à ses grands livres socialistes, intitulé *Le Triumvirat continental*, qui date de 1803 : il n'avait que 30 ans.

Le pacifisme de Fourier se présente sous une forme assez semblable à celle que la Société des Nations réalisera peut-être un jour, celle d'une Fédération des nations, chaque nation étant elle-même une Fédération de phalanstères, avec, comme capitale mondiale, Constantinople. Mais, d'autre part, il s'en distingue notablement par les moyens, en ce sens que cette Fédération Internationale lui paraît ne pouvoir être réalisée que par la conquête. Ce « Triumvirat continental » serait un gouvernement de l'Europe par « les trois gros » — comme on disait des *big four* qui ont fait le traité de Versailles — ce seront la France, la Russie, l'Autriche. On s'étonnera de ne pas y voir l'Angleterre? En effet elle se trouve éliminée par Fourier; il la détestait pour la même raison qu'il détestait les juifs, parce que c'est, dit-il, une nation de marchands. Et il écarte également avec le plus profond dédain la Prusse, qui cependant déjà en 1802 était une puissance assez respectable. Au reste, il prévoit que l'Autriche ne tardera pas à être éliminée, en sorte que le Triumvirat deviendra un Duumvirat, Russie et France, ce qui est une conception plus napoléonienne que pacifiste. Et finalement l'un des deux devra encore être éliminé pour en arriver à constituer le gouvernement unique, l'Omniarque, qui aura son siège à Constantinople. Mais cet unique survivant sera-t-il la France ou la Russie? Il semble que Fourier sur ce point ne soit pas très fixé, mais il n'écarte nullement l'hypothèse où ce pourrait être la Russie. Au reste, ce gouvernement central ne devant avoir qu'un rôle décoratif, au sommet de la hiérarchie des Fédérations Nationales, que ce soit n'importe qui, cela lui est égal.

Je dirai en passant que je n'ai pas grande confiance dans un pacifisme qui devra se réaliser de cette façon, par la conquête. Ç'a été la prétention de tous les conquérants, depuis Alexandre jusqu'à Napoléon, d'affirmer que quand ils auraient conquis le monde ils assureraient la paix universelle, mais ce ne sera jamais par de tels moyens que la paix sera réalisée dans le monde. Si jamais elle doit l'être, ce ne sera pas par le coup de force d'un impérialisme victorieux mais par l'effort persévérant des bonnes volontés si elles réussissent à faire avorter toute menace de guerre pendant un siècle.

Que restera-t-il donc de l'école de Fourier et de sa doctrine? Pour autant que l'on peut résumer l'exposé que nous avons donné ici, on peut dire que ce qui en restera sera ceci.

Une critique sarcastique, mais généralement juste et profonde, de tout ce qu'il appelle d'un mot méprisant « la civilisation », c'est-à-dire tous les abus de la société capitaliste et bourgeoise, de la société fondée sur la concurrence, celle précisément que les économistes ont toujours célébrée comme la forme sociale la plus parfaite.

Au point de vue positif, un vif sentiment qu'il y avait quelque chose d'anormal dans cette civilisation et qu'il fallait y porter remède. A ce mot : « Que faire? » qui est le titre d'un livre de Tolstoï, mais qui faisait horreur à Paul Leroy-Beaulieu, comme dénotant un esprit brouillon et ignorant de toute science économique, Fourier s'est efforcé de trouver une réponse. Il a été un des premiers à ressentir ce que les Anglais appellent *social unrest*, « le malaise social ». Ecoutez-le ! « Cependant, une inquiétude universelle atteste que le genre humain n'est pas encore arrivé au but où la nature veut le conduire et cette inquiétude semble nous présager quelque grand événement qui changera notre sort. »

Le sentiment de cette inquiétude et l'attente de ce grand événement, voilà qui suffit pour ennoblir sa doctrine.

Ajoutons ce troisième caractère : une foi fanatique dans l'association, dont il analyse d'une façon souvent ultra-fantaisiste les vertus mais dont néanmoins il peut revendiquer la paternité dans l'histoire, tout particulièrement sous sa double forme qu'il a précisée mieux que personne ne l'avait fait avant lui : association de consommation et association de production.

CHAPITRE VI

Dans quelle mesure le mouvement coopératif se rattache-t-il à Fourier

Nous avons dû constater dans nos précédentes leçons que l'association, telle que l'avait décrite Fourier, n'a été réalisée nulle part sous sa forme intégrale. Je ne connais dans le monde aucune association réunissant ces caractères divers et opposés : association de production, association de consommation, association agricole, tout à la fois communiste en ce qui concerne l'habitation et la table, mais capitaliste en ce qui concerne la propriété et la répartition du profit. Nous avons vu que les quelques colonies, aux Etats-Unis et même en France (1), qui se rapprochaient le plus du type de Fourier, en différaient pourtant essentiellement en ce qu'elles étaient vraiment communistes, et d'ailleurs elles n'ont pas été viables.

Mais reste à savoir si les associations dites coopératives et tout le grand mouvement qu'elles représentent dans le monde entier, ne doivent pas être considérées comme des réalisations partielles de la doctrine de Fourier, ce qui assurément suffirait à sa gloire. Nous le croyons en effet et c'est bien pourquoi nous avons cru devoir donner, dès la première année de cet enseignement, l'exposé de la doctrine fouriériste.

Toutefois, cette filiation peut être contestée. D'abord il est indispensable de distinguer les diverses formes d'associations coopératives et notamment les deux formes-types qui sont la coopérative de production et la coopérative de consommation.

(1) On peut citer en France une petite société agricole communiste fondée il y a une quinzaine d'années, par M. Paul Passy (fils de l'économiste Frédéric Passy qui fut l'un des leaders de l'économie libérale), lui-même professeur à l'Ecole des Hautes Etudes. Il a donné à cette colonie le nom de Liefra, mot composé des initiales des trois mots : Liberté, Egalité, Fraternité.

I

Les Coopératives de Production

Celles-ci se subdivisent à leur tour en deux catégories n'ayant que peu de ressemblance entre elles :

Coopératives de production *industrielle*, formées par des ouvriers;

Coopératives de production *agricole*, formées par des paysans propriétaires ou fermiers.

§ 1. Coopératives ouvrières de production

Voyons d'abord dans le domaine des associations ouvrières de production si nous trouvons quelques réalisations du système fouriériste? Il ne le semble guère à première vue, car elles ne présentent extérieurement aucun des caractères que nous avons décrits : point d'habitation en commun, et s'il est vrai qu'il y ait travail en commun, comme d'ailleurs dans n'importe quel atelier, ce travail se fait dans les mêmes conditions que celui des travailleurs salariés, ni courtes séances, ni variété de travaux. Chacune de ces associations est spécialisée dans une certaine industrie : celle-ci, association coopérative pour l'imprimerie, celle-là, pour la peinture en bâtiment, cette autre, pour la charpente, etc.

Il est vrai, mais ce n'est pas leur objet c'est par leur mode de répartition des bénéfices et par leur but, l'abolition du salariat, que ces associations, ou du moins certaines d'entre elles, tendent à réaliser l'idéal de Fourier et appliquer sa formule. C'est pourquoi, comme marque de piété filiale, elles lui ont élevé une statue.

Il y a en France, à l'heure actuelle, environ 500 associations ouvrières de production, qui ne représentent d'ailleurs qu'un bien petit effectif, puisque chacune d'elles ne compte généralement que quelques dizaines de membres, très rares celles qui en comptent plus de

100, et le tout réuni ne représente pas plus de 50.000 membres sociétaires à peu près, sur les 10 à 12 millions de salariés existant en France. Mais toutes ces associations ouvrières de production ne se réclament pas de Fourier, tant s'en faut! il n'y a qu'un très petit nombre, une douzaine seulement, qui prétendent réaliser la formule fouriériste.

De ces sociétés fouriéristes la principale est celle des ouvriers peintres en bâtiment qui s'appelle « Le Travail ». Elle a été fondée en 1882, par conséquent depuis 40 ans, ce qui est déjà un âge respectable pour les associations coopératives, attendu que généralement elles meurent jeunes; il y a chez elles une mortalité infantile effrayante! Ce qu'il y a encore de remarquable dans cette association « Le Travail » c'est que, au cours de ces 40 années, elle n'a jamais changé de directeur; elle a toujours le même, M. Henri Buisson, donnant ainsi un démenti à ce préjugé qui veut que ces petites républiques ouvrières soient condamnées à échouer par suite de l'instabilité de la direction. Vous voyez que celle-ci, et ce n'est pas la seule, pourrait faire envie à n'importe quel gouvernement démocratique.

Mais ce qui nous intéresse ici c'est que cette association a mis son orgueil à réaliser à la lettre la formule fouriériste. Pour le montrer, le mieux est de prendre le rapport de la dernière année et de vous donner les chiffres de son dernier exercice.

Au cours de l'année 1921, elle a fait pour 1.841.000 francs de travaux, mais sur ce chiffre de recettes brutes il faut déduire le prix des matières premières, le prix de la main-d'œuvre, c'est-à-dire les salaires, l'intérêt du capital, les amortissements, les assurances, etc. Restent alors 160.000 francs de produit net et voici comment ils ont été répartis.

Les travailleurs ont touché 63.000 francs de salaires. Il y a eu 27.000 francs versés à la Caisse des retraites, lesquels doivent être inscrits comme revenant aussi au travail, puisque c'est là un espèce de salaire différé. Voilà donc 90.000 francs pour le Travail.

Passons au capital. Il y a eu 30.000 francs de dividendes payés aux actions et 8.000 francs versés au fonds de réserve, somme qui peut être considérée comme revenant au capital puisque ce fonds de réserve est destiné à être partagé un jour ou l'autre entre les actionnaires; Cela fait donc 47.000 francs pour le Capital.

Reste le troisième facteur que Fourier appelait le Talent : nous avons fait remarquer qu'il n'était pas facile de le définir. Ici on a considéré que c'était à la direction que devait revenir la part attribuée par Fourier au talent. A ce titre, le Directeur a reçu 17.000 francs et les administrateurs 4.500 francs, ce qui fait donc 23.500 francs pour la direction. Est-ce là une réalisation exacte de l'idée de Fourier? Ce n'est pas sûr. L'idée de Fourier paraît être plus ambitieuse : les 3/12 qui, dans sa pensée, devaient revenir au talent, n'étaient pas seulement une majoration de salaire pour les chefs de série, auxquels correspondent ces directeurs; c'était plutôt quelque chose comme des prix décernés par l'Académie. Néanmoins en pratique on peut accepter l'interprétation admise par les associations coopératives.

Et maintenant traduisez ces chiffres concrets en pourcentages, vous verrez que les 100.000 francs ont été répartis de la façon suivante :

50 % pour le Travail;
20 % pour le Capital;
15 % pour la Direction.

Cette division concorde-t-elle avec celle de Fourier que vous connaissez? 5/12 pour le travail, 4/12 pour le capital, 3/12 pour le talent? Pas tout à fait, car si vous traduisez les douzièmes de Fourier en pourcentages, la formule fouriériste donnerait 42 % au travail, 33 % au capital, 25 % au talent.

On voit que la formule de répartition des associations ouvrières est un peu plus large pour le travail, un peu moins large pour le capital, et beaucoup moins pour le talent, que n'était celle de Fourier. Il faut savoir qu'en outre, comme nous le dirons tout à l'heure, la plus grande partie du capital appartient déjà aux travailleurs et leur appartiendra en entier d'ici peu. En d'autres termes, la répartition est plus socialiste que n'était celle de Fourier, ce qui est assez naturel, car ainsi que je vous l'avais fait remarquer, la formule de répartition de Fourier peut être qualifiée presque de ploutocratique et aristocratique; plus même, à ce que je crois, que celle réalisée en fait, par la loi de l'offre et de la demande, dans le monde où nous vivons. Reconnaissons toutefois qu'entre ces deux échelles de répartition il y a un parallélisme suffisant pour justifier les droits à l'héritage fouriériste réclamés par ces associations ouvrières, d'autant plus que la formule de Fourier n'était pas absolument rigide : il admettait que l'on pût s'en écarter un peu; par exemple, dit-il, réduire la part du talent à 2/12 au lieu de 3/12 (17 %), et élever la part du travail à 6/12 au lieu de 5/12 (50 %), auquel cas les deux formules coïncideraient presque exactement.

Mais, comme je l'ai dit tout à l'heure, les associations de production qui appliquent la formule fouriériste ne sont qu'en petit nombre.

Toutes celles qui ont un caractère socialiste ou syndicaliste la rejettent absolument parce que, disent-elles, le but de l'association coopérative de production c'est d'éliminer la domination du capital, c'est de lui enlever non seulement le profit mais surtout la direction, qui constitue son principal privilège dans l'organisation capitaliste actuelle. Tel est, en effet, le but des associations coopératives de production, tel est leur programme, toujours affirmé depuis les jours héroïques de 1848, date qui marqua non seulement l'avènement de la République dans l'ordre politique mais celui de la République dans l'atelier. C'est, disent-elles, être infidèles à leur programme, c'est trahir leur idéal que de collaborer avec le capital et de partager avec lui les profits de l'entreprise.

Elles n'admettent pas davantage la part privilégiée pour le talent, même sous le nom de travail de direction.

Pour mieux montrer l'opposition, prenons comme exemple une association qui est précisément au pôle opposé de l'association fouriériste « Le Travail »; celle des « Ferblantiers réunis », à Paris, qui est du type le plus égalitaire.

Celle-ci donne tous les bénéfices au travail, soit immédiatement sous forme de salaire, soit à terme sous forme de versements pour la retraite. Elle ne paie aucun intérêt au capital, si ce n'est pour le sociétaire qui a versé un acompte et en attendant qu'il soit arrivé à libérer son action; en ce cas on lui donne un intérêt équivalent à celui qu'il touchait à la Caisse d'Epargne ou ailleurs, mais une fois l'action libérée, il n'a plus droit à l'intérêt parce qu'il touche sa part du produit de l'entreprise. Donc, rien pour le capital et rien non plus pour la Direction. Le Directeur, qui est demeuré le même pendant très longtemps aussi, ne touche aucune part des bénéfices autre que celle des camarades et au même titre, sauf certains frais — je ne dirai pas de réprésentation comme on fait pour les hauts personnages, mais pour les courses, voyages, etc. On ne saurait donc envisager un système plus égalitaire que celui-ci, mais aussi ces associations s'estiment-elles beaucoup plus avancées que celles fouriéristes.

Mais que répondent les associations du type fouriériste aux camarades qui leur disent : Vous avez trahi l'idéal syndicaliste et socialiste? Ils répondent que l'on ne peut se passer du capital dans une entreprise quelconque, alors même que cette entreprise porte le nom d'ouvrière, et que du moment que l'on reconnaît les services rendus par le capital il est indispensable et il est juste de payer ces services, et qu'en ceci elles sont fidèles à la pensée de Fourier. Aux associations qui veulent rejeter le capital, elles prédisent qu'elles ne feront que végéter. Si donc, disent-elles, on veut réellement le succès des associations ouvrières de production, alors il ne faut pas écarter avec un dogmatisme intransigeant le seul moyen qu'elles aient de réussir.

Quant à craindre, comme le disent les adversaires de ces associations, que le Capital, une fois entré dans la place, ne devienne le maître et ne dise au Travail : C'est à vous de sortir de la maison! à cela on répond que l'on a pris dans ces associations les précautions nécessaires pour éviter cette main-mise du capital. Voici en effet quelles sont les précautions prises et comment les statuts de l'association « Le Travail » limitent les droits du capital.

D'abord aux actionnaires qui sont uniquement capitalistes et non travailleurs on refuse tout droit à l'éligibilité, c'est-à-dire le droit de devenir membre du Conseil d'administration. On ne peut leur refuser l'électorat, car du moment qu'ils sont actionnaires ils ont le droit de participer aux assemblées annuelles de l'association et d'y voter, mais ils ne peuvent nommer comme administrateur un actionnaire qui ne serait pas un travailleur effectif. Donc, on s'assure par là que le gouvernement de l'association restera uniquement entre les mains des ouvriers.

Voilà pour la crainte que le capital ne s'empare du gouvernement : quant à la crainte qu'il ne s'empare des bénéfices, ici encore les statuts sont limitatifs : ils décident que les actions purement capitalistes n'auront qu'un dividende qui ne pourra dépasser un certain maximum.

Enfin, la troisième règle c'est que ces actions purement capitalistes, c'est-à-dire qui n'appartiennent pas à des travailleurs membres de l'entreprise, seront remboursées au fur et à mesure que la société fera des bénéfices, pour être remplacées par des actions appartenant uniquement à des ouvriers travaillant dans la maison, par des « actions de travail », comme on les appelle aujourd'hui. C'est ainsi que l'association Le Travail, qui avait débuté avec un capital de 10.000 actions à 100 francs l'action, donc de 1 million, a remboursé à l'heure actuelle 6.380 actions, ce qui fait que près des 2/3 du capital se trouvent aujourd'hui appartenir aux ouvriers associés; et quant à celles qui restent, elles seront éliminées de jour en jour.

Et par conséquent, toutes ces craintes de voir reparaître le régime capitaliste dans l'association ouvrière de production sont vaines.

En effet, je crois que les règles que je viens d'exposer sont suffisantes pour assurer le travail contre la domination éventuelle du capital; et même à ce point qu'on peut se demander si le but visé n'a pas été dépassé et si le résultat ne sera pas d'effrayer le capital et de le détourner de s'offrir à l'association? Considérez en effet combien la situation que je viens de vous indiquer est peu séduisante pour des capitalistes!

Voici un capitaliste à qui l'on dit : « Voulez-vous faire un bon placement dans une association ouvrière de production?

« Quelles conditions me faites-vous, demande-t-il?

« D'abord, lui dit-on, vous n'aurez aucune part à la Direction de l'entreprise ». Déjà ceci est un peu réfrigérant pour les capitalistes : mettre son argent dans une entreprise sur laquelle on n'aura aucun contrôle ni aucun droit de regard, ce n'est pas bien tentant.

« Secondement, en ce qui concerne les bénéfices, vous n'aurez droit qu'à un dividende qui ne pourra dépasser un certain maximum.

« Enfin, si l'association réussit pleinement, alors, au fur et à mesure de ses succès, on vous éliminera. Mais si l'association fait de mauvaises affaires et s'il y a des pertes, alors, comme dans toutes les entreprises par actions, vous les supporterez jusqu'à concurrence du capital engagé. »

Imaginez que sur un prospectus, comme ceux que l'on lance quand il y a quelque émission d'obligations ou d'actions, on ouvre de telles perspectives! il est peu probable que le lancement de cette société trouvât beaucoup d'accueil auprès du public. Par conséquent, il est à craindre que les associations fouriéristes ne poursuivent, à certains égards, un but contradictoire : faire appel au capital en reconnaissant que l'on ne peut s'en passer, et l'écarter en le réduisant au rôle de dupe.

Mais alors peut-être serez-vous curieux de savoir comment l'association dont les statuts sont si peu engageants, a pu trouver son capital de fondation?

Cela a tenu à des circonstances tout à fait exceptionnelles; cette association a eu la chance de trouver un beau jour le capitaliste philantrophe, et quelque peu excentrique, vainement attendu par Fourier. C'est lui qui a fourni le capital nécessaire pour commencer. C'était un banquier qui versa 500.000 francs, en acceptant bénévolement toutes les conditions que je viens d'indiquer. C'était un banquier comme on n'en trouve pas beaucoup et qui avait certainement des « idées de l'autre monde », comme on dit, la preuve, c'est que peu d'années après, il s'est suicidé.

Ce n'est point à dire qu'une association ouvrière ne puisse espérer trouver quelques capitaux, même dans des conditions moins romanesques. Elle peut trouver assez fréquemment des capitalistes philanthropes disposés à accepter les risques de perte, tout en se désintéressant du bénéfice, s'il s'agit de petites sommes, car il y a un peu partout, heureusement, de braves gens qui ont toujours de l'argent en réserve pour les bonnes œuvres ou les expériences sociales.

C'est ainsi que dans la ville de Nîmes, depuis longtemps, je suis en relations avec une association qui s'est fondée un peu sur le modèle de celle du Travail, association d'imprimerie coopérative qui s'appelle La Laborieuse. Elle a fait appel aux personnes généreuses de la ville et a très facilement obtenu le capital de 20 à 30.000 francs qui lui était nécessaire pour commencer. Ses souscripteurs ont accepté sans difficulté de n'avoir qu'un dividende limité et même de se laisser éliminer quand on n'aurait plus besoin d'eux, ce qui, en effet, serait déjà un fait accompli, si la guerre n'avait interrompu le remboursement.

Une association ouvrière peut avoir encore la chance de trouver le capital sous la forme de legs, car on est plus facilement généreux pour après sa mort que de son vivant. C'est ainsi que Madame Boucicaut a légué sa fortune aux employés du « Bon Marché », association qui, à vrai dire, n'est pas une association coopérative proprement dite mais qui a certains traits communs. C'est ainsi encore que Leclaire, peintre en bâtiment, inventeur de la participation aux bénéfices, après fortune faite, a légué celle-ci à ses employés pour constituer une association ouvrière très célèbre qui existe encore aujourd'hui. C'est ainsi enfin que, dans le cas le plus célèbre de tous, Godin a légué sa fortune aux employés du Familistère de Guise,

Ainsi donc quand le premier capital est fourni par un généreux philanthrope, soit de son vivant, soit après sa mort, le problème est tout résolu : l'association prend le capital à son service et non comme maître, et c'est bien la solution souhaitée par Fourier. Mais vous comprenez facilement que ces cas-là sont assez limités et si l'on ne devait compter que sur ces actes de philanthropie pour une transformation générale de l'industrie, il faudrait attendre longtemps!

Il y a une seconde solution : c'est de s'adresser à ce grand personnage qui est appelé à jouer toujours, bon gré, mal gré, le rôle de philanthrope, c'est-à-dire à l'Etat, et de lui demander, en don ou en prêt, le capital nécessaire pour commencer. Cela s'est fait à diverses reprises. C'est un des épisodes les plus connus de la Révolution de 1848 que le prêt de 3 millions qui fut fait à ce moment par l'Etat à ces associations. Malheureusement l'expérience tourna fort mal, sans qu'à vrai dire il soit juste d'en rendre responsables, comme on le fait continuellement, les associations ouvrières de production. Il y a eu toute une série de malchances qui expliquent suffisamment que ces prêts de l'Etat, faits à cette époque, n'aient pu réussir. Au reste, ni les associations ni même l'Etat n'ont été découragés par cet insuccès et l'expérimentation s'est renouvelée. Récemment, pendant la guerre, l'Etat a constitué une modeste caisse de 2 millions qui sont distribués aux associations ouvrières de production, à titre de prêts et, en outre, chaque année, on inscrit au budget une somme variable (au dernier budget 1.200.000) pour subventions et encouragements à ces mêmes associations coopératives de production; généralement c'est sous forme d'avances remboursables, mais parfois c'est à fonds perdu.

Pourtant l'emploi de ce second moyen pour se procurer le capital est limité aussi, car on ne peut l'étendre sans provoquer de violentes récriminations, assez justifiées, il faut le reconnaître, de la part des industriels, qui disent que c'est là une concurrence déloyale faite par l'Etat, puisque le capital prêté est pris nécessairement dans la poche des contribuables.

Un troisième moyen de se procurer le capital, que j'appellerai le moyen héroïque, c'est de le demander aux ouvriers eux-mêmes membres de l'association. C'est ce qu'ont fait un certain nombre d'associations ouvrières, mais vous pensez bien que lorsqu'il faut extraire de la poche d'ouvriers le capital nécessaire à une entreprise, il faudra un temps infini et, même en y mettant le temps, on ne pourra jamais sortir des limites de la très petite industrie.

C'est donc là un procédé qui suppose un effort véritablement surhumain, tout au moins quand il s'agit de commencer.

Le Président de la Chambre de Commerce de Marseille, M. Artaud, un des représentants éminents de l'école économique libérale, disait : « Si les ouvriers veulent devenir indépendants du capital, rien de plus simple; ils ont gagné depuis la guerre des salaires suffisants pour devenir patrons quand ils le voudront. » Mais l'honorable président semble n'avoir pas réfléchi à ceci que si les salaires ont augmenté, si la capacité d'épargne des salariés a pu doubler ou tripler depuis la guerre, la somme de capital nécessaire pour faire n'importe quelle entreprise a augmenté dans une plus forte proportion encore! et la preuve est que depuis quelques années la plupart des entreprises ont senti la nécessité d'augmenter leur capital. L'obstacle à la création des associations ouvrières reste donc le même.

Il est vrai que lorsque l'entreprise a été constituée, si elle peut donner des bénéfices, alors il devient relativement aisé pour les membres de l'association ouvrière de convertir leur part de bénéfices en actions de la société sans s'imposer ni jeûnes ni privations. C'est ce qu'ont fait plusieurs associations ouvrières qui sont arrivées en effet à une belle fortune.

§ 2. Le Familistère de Guise

Entre toutes les associations coopératives de production issues de la pensée de Fourier, il en est une dont le nom seul dénote la filiation : le Familistère de Guise.

Si Fourier, comme je le disais dans les précédentes leçons, n'a pas eu la joie de trouver pendant sa vie un disciple qui ait réalisé son rêve, il a eu du moins cette chance après sa mort.

Six ans après sa mort, en 1843, l'école fouriériste reçut l'adhésion d'un ouvrier mécanicien qui n'avait alors que 26 ans, André Godin. Et de tous les disciples de Fourier, c'est celui-là, qui pourtant ne l'avait pas connu personnellement et même ne l'avait jamais vu, qui devait être le plus grand de ses disciples et le seul qui ait donné corps à sa doctrine par une fondation célèbre par tous pays. C'est un peu l'histoire de saint Paul, qui a été le plus grand des apôtres quoiqu'il n'ait jamais vu le Christ et n'eût commencé son apostolat que plusieurs années après sa mort.

Avant de créer son Familistère, Godin s'était intéressé à toutes les expériences sociales de son temps et notamment à celle de Victor Considérant, au Texas, dont j'ai parlé dans la leçon précédente. Il ne l'y accompagna pas pourtant, mais mit sa fortune — 100.000 fr. — à sa disposition et la perdit. Il n'était pas riche alors, et ce qui est bien c'est qu'il fut point découragé. Seulement il prit la résolution de faire lui-même ses expérimentations. Ce ne fut toutefois qu'assez longtemps après, en 1860, qu'il commença la construction du bâtiment qui devait reproduire le phalanstère. C'est dans la petite ville de Guise, non loin de la ville de Laon, que s'élève ce bâtiment qui, depuis un demi-siècle, est devenu un lieu de pèlerinage pour les amateurs d'expérimentations sociales et pour les coopérateurs de tous pays.

Voyons dans quelle mesure ce Familistère réalise le système de Fourier. Et pour cela considérons-le sous les trois aspects sous lesquels j'ai exposé le système de Fourier : la consommation, la production, la répartition.

En ce qui concerne la consommation, c'est-à-dire l'habitation et l'alimentation, Godin s'est appliqué à donner au Familistère les caractéristiques essentielles que Fourier avait indiquées pour le Phalanstère, quoique sur une moins grande échelle et avec moins de luxe. C'est pourtant un immense bâtiment, installé pour recevoir 400 familles environ, c'est-à-dire 1.500 à 1.600 personnes, dans trois bâtiments, par conséquent juste le même nombre que celui indiqué par Fourier.

Le bâtiment, ou, comme on dit un peu prétentieusement, le Palais Social, est situé non pas à Guise même, mais au dehors, à la campagne, au bord d'un cours d'eau, comme voulait Fourier, avec un assez grand parc, d'une quinzaine d'hectares. On retrouve dans l'architecture du bâtiment certains traits chers à Fourier : grande cour vitrée, servant de salle de fête, grandes galeries à l'intérieur et à chaque étage, qui font communiquer tous les appartements; ils sont desservis par quatre escaliers communs aux quatre angles de cet immense caravansérail. Néanmoins, je dois dire qu'il ne donne guère l'impression d'un palais social, ni même simplement une impression de confort et d'agrément. Il ne m'a laissé, à moi du moins, qu'un sentiment plutôt mélancolique, surtout quand on le compare aux cités-jardins anglaises, et il m'a rappelé cette dispute entre Fourier et l'architecte, que j'ai racontée; Fourier lui reprochait d'être anglomane parce qu'il voulait construire le Phalanstère en pavillons séparés! En cela pourtant c'est l'architecte qui était dans le progrès.

Dans le Familistère, Godin aurait souhaité installer une table d'hôte ou du moins un restaurant commun, mais il eut le bon sens de comprendre que les ouvriers préféraient manger leur pot-au-feu en famille. Il se contenta donc d'un magasin d'approvisionnement, autrement dit, d'une société de consommation, pour tous les habitants du Familistère; mais ceci se trouve aussi dans d'autres établissements. Il y a, en outre, quelques services collectifs : des écoles, une bibliothèque où les lecteurs ne s'empressent pas trop, un théâtre, certaines installations de jeux, peu de chose, mais pourtant qu'il faut saluer comme anticipations des belles institutions patronales qui sont aujourd'hui la gloire de bon nombre de grandes maisons américaines ou anglaises.

Si nous regardons à la production, y trouvons-nous aussi quelque trait qui rappelle le système fouriériste? Notamment pour rendre le travail attrayant tel que le préconisait Fourier? — Godin n'était pas un esprit imaginatif, mais il était très pratique et il s'était fait une autre notion du travail, que j'estime moralement très supérieure à celle de Fourier.

« Le travail, dit Godin, s'organisera à mesure que l'homme se pénétrera de l'idée religieuse que le travail est le tribut le plus sacré qu'il doit à la vie, c'est-à-dire à lui-même, à ses semblables, à Dieu. »

Vous voyez l'abîme qu'il y a entre cette conception du travail, qui est un devoir et même un « tribut », et l'idée du travail attrayant. Cependant, tout en différant sur la conception même de ce que doit devenir le travail, Godin n'a pas dédaigné les moyens préconisés par Fourier qui, vous vous en souvenez, étaient le travail en séries, en groupes, et par courtes séances. En ce qui concerne les courtes séances, Godin, sans disperser le travail en séances d'une heure qu'un industriel aussi pratique que lui ne pouvait accepter, réduisit dans des proportions notables la durée de la journée de travail qui pourtant à l'époque où Godin commençait sa carrière, était effrayante, 14 à 15 heures.

Mais il était trop expérimenté pour penser que l'on pourrait faire un travail efficace en changeant d'occupation et d'établi toutes les heures du jour. Cependant, par respect pour l'idée de son maître, il établit aussi des séries, 186 séries! Seulement au lieu d'en faire des groupements de travail, il en fit des groupements de récréation ou tout au plus de petits travaux accessoires; il y avait des séries pour entretenir le Familistère, pour balayer, pour décorer, pour s'occuper du parc, pour organiser des conférences ou des sports, pour soigner les enfants, etc. Chaque ouvrier était invité à s'inscrire dans une ou plusieurs de ces séries, à son gré et sans chercher à les rattacher à sa besogne quotidienne; au contraire! mais plutôt afin que l'ouvrier pût y trouver un délassement et un intérêt dans un domaine tout à fait étranger à sa tâche habituelle.

Mais, malgré les exhortations de Godin dans ses conférences où il essayait de faire comprendre aux ouvriers le mécanisme fouriériste, ces séries restèrent sur le papier : les ouvriers ne s'y inscrivirent pas ou ne le firent qu'en nombre infime.

En ce qui concerne la production, on peut donc dire qu'il n'y a presque rien dans le Familistère qui rappelle le programme fouriériste, mais si nous arrivons à la répartition, c'est ici que nous trouverons reproduite de la façon la plus fidèle les enseignements du maître, quoique avec de notables modifications.

Godin admet le principe de la répartition tripartite : travail, capital, talent, entendant par talent la direction.

Les bénéfices du Familistère sont donc répartis entre ces trois facteurs. Seulement ils sont répartis dans des proportions très différentes de celles qu'avait indiquées Fourier; et notamment avec deux différences essentielles qui constituent à l'honneur de Godin, on peut le dire sans exagération, de véritables découvertes sociales et de grands perfectionnements à la doctrine de son maître.

Voici la première. Dans la répartition entre le capital et le travail, Fourier, vous le savez, attribuait 4/12 (soit 1/3) au capital, ce qui faisait donc une part considérable. Godin a accordé au capital infiniment moins et ce qu'il y a d'intéressant c'est qu'il détermine cette part par une méthode tout à fait originale.

En ce qui concerne la valeur du travail, il l'évalue, comme on fait toujours, d'après le montant des salaires payés dans l'année; c'est en effet tout naturel. Mais quand il s'agit d'évaluer la part du capital, au lieu de la calculer en proportion du montant du capital lui-même, du « principal », comme on disait autrefois, il la calcule en proportion du montant de l'intérêt. Il fait le raisonnement suivant qui nous paraît irréfutable au point de vue économique. Puisqu'on mesure la valeur du facteur travail par le montant du salaire, c'est-à-dire par le prix de location du travail, alors, pour mesurer le service rendu par le capital, on doit procéder de même, c'est-à-dire prendre le prix de location du capital, et ce prix c'est l'intérêt. De cette façon on emploie deux unités de même espèce, tandis que si vous mettez dans un plateau le revenu du travail, qui est le salaire, et dans l'autre le capital lui-même, il est évident que l'équilibre est tout à fait rompu. Vous surévaluez dans une proportion énorme le service rendu par l'argent.

La valeur de chacun des deux facteurs doit s'estimer par la même mesure, c'est-à-dire par le prix auquel sont payés les services de l'un et de l'autre; le prix payé pour le travail s'appelle le salaire, le prix payé pour le capital s'appelle l'intérêt; par conséquent, dans la répartition finale, vous devez répartir le produit au prorata du salaire et de l'intérêt.

Mais c'est là une révolution ! Toutes les fois que les sociétés capitalistes ont voulu appliquer la participation aux bénéfices, le capital s'est toujours fait compter sa part non au prorata de l'intérêt qu'il touche mais au prorata de la valeur du capital lui-même, telle qu'elle figure au bilan. Or avec le mode de répartition de Godin, la part du capital se trouve réduite de 95 % ! Voici, par exemple, une entreprise où le capital est de 2 millions et qui distribue chaque année 1 million de salaires; supposons qu'à la fin de l'année le bénéfice s'élève à 300.000 francs et qu'il s'agisse de le partager entre le capital et le travail ? Dans le système capitaliste, on dira : puisqu'il y a 2 millions de capital d'un côté, 1 million de salaires de l'autre, cela fait 2/3 pour le capital et 1/3 pour le travail, soit 200.000 francs pour le capital et 100.000 francs pour le travail. Avec le système de Godin, il faut dire : le capital étant de 2 millions a droit à un intérêt de 100.000 francs qui représente le prix du service rendu. Quant au travail il a touché 1 million qui représente de même le service rendu par lui; il faut donc partager les 300.000 francs en parties proportionnelles à 100.000 francs et à 1 million, c'est-à-dire 27.380 francs pour le capital et 272.620 francs pour le travail.

Ce mode de calcul de Godin n'a été encore appliqué que par lui, on comprend facilement pourquoi ! Mais il n'est pas dit qu'il ne finisse par s'imposer et dans le dernier projet de loi du gouvernement sur « les sociétés à participation ouvrière » on a proposé d'appliquer ce système.

Voici la seconde innovation de Godin qui celle-ci s'est acclimatée beaucoup plus facilement.

Le but de Fourier, et que Godin prend absolument à son compte, c'est l'abolition du salariat par la transformation du travail salarié en travail associé, en faisant de chaque travailleur un actionnaire, un co-propriétaire de l'établissement. C'est ce qu'a fait Godin; il a rendu chacun de ses travailleurs, sauf les différenciations que j'indiquerai tout à l'heure, actionnaire du Familistère. Il a commencé par établir la participation aux bénéfices au profit des ouvriers; puis il a employé la part de bénéfice dévolue à chaque ouvrier à acheter une ou plusieurs actions. Seulement, cet emploi de la participation des bénéfices en actions de l'établissement n'est pas laissé à la volonté de l'ouvrier; il est obligatoire.

Godin était un homme très pratique, je le répète; il s'est dit : Si j'attends que les ouvriers viennent acheter des actions de l'établissement, alors même qu'ils ne seront pas obligés de les payer de leur poche mais seulement avec la part de bénéfices qui leur revient, il faudra attendre trop longtemps. En cela il montrait qu'il connaissait bien les ouvriers, et la preuve, c'est qu'en effet, presque toutes les fois que, après lui, on a essayé de rendre les ouvriers actionnaires de l'entreprise, ceux-ci s'y sont refusés. Ils ont refusé, les uns par esprit de socialisme agressif en disant qu'ils ne voulaient pas devenir les co-associés de leurs maîtres, de leurs patrons; les autres, en se plaçant au point de vue précisément inverse, au point de vue bourgeois, en disant que s'ils avaient quelque argent disponible, ils préféreraient le mettre à la Caisse d'Epargne ou en rentes sur l'Etat plutôt que de le placer en valeurs industrielles, et il faut reconnaître, en se plaçant à ce point de vue de placement de père de famille, que cette abstention est un acte de prudence, car si l'établissement vient à sombrer, le travailleur actionnaire perd tout à la fois et son argent et sa place !

C'est pourquoi Godin ne leur a pas laissé le choix; c'est d'office qu'il transforme à la fin de l'année la part des bénéfices en actions. Ainsi au bout de cinq ou six ans l'action se trouve totalement libérée et l'ouvrier se trouve devenu sociétaire bon gré mal gré.

Mais devient-il actionnaire à titre définitif ? Non, car si la propriété des actions était acquise définitivement à chaque ouvrier, voici ce qui arriverait. Les travailleurs se renouvellent sans cesse : l'un meurt, l'autre prend sa retraite, un autre change d'établissement, ou est congédié. Un jour doit venir donc où tous les travailleurs qui étaient primitivement actionnaires auront disparu et si les actions qui leur avaient été attribuées les suivent, elles se trouveront passer, soit par successions, soit par ventes, entre les mains de personnes étrangères à l'établissement, en sorte que l'association qu'on avait voulu établir entre le Capital et le Travail sera rompue. Des actionnaires de la première heure, aucun ne sera plus ouvrier dans l'établissement, tandis qu'au contraire des ouvriers de la génération suivante qui seront entrés dans l'entreprise, aucun n'aura pu devenir actionnaire ! Direz-vous qu'on pourrait créer des actions nouvelles pour chaque ouvrier qui vient ? C'est impossible parce que dans aucune entreprise le capital ne peut être augmenté indéfiniment — à moins que sa clientèle et ses affaires ne soient illimités!

Donc étant donné d'une part le principe nécessaire que le nombre d'actions doit être limité, étant donné d'autre part le fait que le personnel des travailleurs se renouvelle sans cesse, le problème de rendre chaque ouvrier co-propriétaire de l'entreprise, paraît insoluble. Il ne semble pas que Fourier ait envisagé cette difficulté, mais Godin l'a résolue de la façon la plus élégante et si bien qu'il n'y a plus à y revenir.

Voici comment : chaque fois que l'ouvrier actionnaire

quitte le Familistère, soit par la mort, soit volontairement, soit par le fait de l'âge, on lui rembourse son action. Il n'en perd pas la valeur puisqu'on lui en compte le montant; il fera ce qu'il voudra de ce capital qu'on vient de lui rembourser, il le placera en rentes sur l'Etat, Caisse d'Epargne, mais à partir de ce jour il cessera d'être titulaire d'une action de l'établissement. Et cette même action, qu'on lui a reprise en lui remboursant, on l'attribue à l'ouvrier qui vient le remplacer. Comment la paiera-t-il? Mais de la même façon que le premier a payé la sienne! on lui retiendra chaque année la part de bénéfice qui lui revient et dont le montant sera employé à libérer peu à peu l'action. En sorte qu'il se fait dans la société un roulement perpétuel des actions, en même temps qu'un roulement perpétuel des travailleurs, de façon que toujours le capital et le travail restent associés.

Godin aurait voulu quelque chose de plus; non pas seulement abolir le salariat en attribuant tous les bénéfices au travail, mais faire de son Familistère une véritable République ouvrière en confiant à tous les membres de l'association le soin de désigner eux-mêmes les hommes chargés de les commander et de fixer les rémunérations que devaient comporter chacune de ces fonctions. Il essaya pour cela de tous les systèmes d'élection, mais il fut obligé d'abandonner cet idéal démocratique et de conserver pour lui-même, malgré lui, aussi longtemps qu'il a vécu, des pouvoirs sinon dictatoriaux du moins patronaux. Et même depuis sa mort, en vertu des statuts qu'il a imposés à sa fondation, le directeur exerce des pouvoirs à peu près égaux à ceux d'un patron.

« Je suis resté près de vous, disait Godin, en s'adressant à des ouvriers, travaillant sans cesse à votre seul bien; vous n'avez pas su me comprendre. Combien la postérité s'étonnera de mon isolement et des difficultés qui m'auront assiégé jusqu'au milieu de vous. Quant à moi, je suivrai ma route. » Godin savait-il que ces adieux mélancoliques étaient presque la reproduction textuelle de ceux que le Christ adressait à ses disciples : « J'ai vécu au milieu de vous, mais vous ne m'avez pas connu » ?

Beaucoup pensaient que le succès du Familistère était dû uniquement à la personnalité de Godin et que par conséquent il ne survivrait pas à son fondateur. Or, Godin est mort en 1888, donc il y a 34 ans, et pourtant depuis lors le Familistère a continué à vivre. Et non seulement il vit mais il est ressuscité, car il avait subi les dévastations de la guerre. Une grande partie du Familistère avait été incendiée et toutes les marques de fabrique emportées en Allemagne, mais aujourd'hui tout est à peu près remis en état. Cette institution avait donc par elle-même quelque vitalité et, puisqu'elle n'est pas morte maintenant, il n'y a pas de raison pour qu'elle ne dure pas indéfiniment.

Mais si elle a fait preuve d'une vitalité sur laquelle on ne comptait pas, il faut dire que d'autre part elle a déçu ses admirateurs en ce sens qu'elle est restée unique, ce qui veut dire inféconde. On pouvait espérer que cette institution, par ses succès, susciterait des imitateurs et, comme les Pionniers de Rochdale, procréerait toute une lignée d'institutions à son image. Or il n'en a rien été. Et pourtant, en fait de découverte scientifique, il n'est d'expérimentation véritablement probante que celle qui peut toujours être reproduite à volonté; donc une expérimentation qui a réussi une fois et ne peut plus être répétée laisse évidemment dans l'esprit un certain doute.

Néanmoins, un demi-siècle d'attente ce n'est pas un tel intervalle de temps dans l'histoire des institutions qu'il légitime le découragement; il n'est pas impossible que ce figuier stérile ne finisse un jour par donner des rejetons.

Ce qui pourrait peut-être permettre de conserver quelque espoir à cet égard, c'est qu'il y a aujourd'hui, dans le monde des travailleurs, une aspiration à installer dans l'industrie ce qu'on appelle « le contrôle ouvrier », c'est-à-dire à faire de toute fabrique une espèce de République dans laquelle les ouvriers participeront au gouvernement. Or, en fait de République ouvrière, il faut reconnaître que le Familistère est ce qui se rapproche le plus de cet idéal.

II

Les Coopératives de Consommation

§ 1. Si les coopératives de consommation sont filles de Fourier

Si Fourier doit être considéré comme le père des sociétés coopératives de production, ou du moins de celles d'un certain type, faut-il en dire autant des sociétés de consommation ? Cette paternité a été plus contestée que la précédente. C'est ainsi que dans son livre récent, « La République Coopérative », M. Poisson, secrétaire général de la Fédération Nationale des Sociétés de consommation, écrit : « Fourier n'a jamais eu connaissance des sociétés de consommation : elles n'apparaissent nulle part dans ses écrits. Certes, le phalanstère de Fourier peut apparaître, à première vue, comme une société coopérative, mais il n'y a là qu'une simple apparence. Aucune des règles qui constituent l'essence même aujourd'hui des sociétés de consommation ne s'y retrouve, pas plus la ristourne que l'égalité des sociétaires, pas plus l'idée de la vente au prix juste que l'idée des réserves indivisibles... »

Je me permettrai de faire appel de ce jugement parce que, quoiqu'il contienne une part de vérité comme nous allons le voir, il est tout au moins beaucoup trop sévère. Il est vrai que dans les énormes livres de Fourier il n'est parlé nulle part, à ma connaissance du moins, des sociétés coopératives de consommation, mais il y avait pour cela une bonne raison; c'est que Fourier est mort en 1837 et que ses ouvrages s'échelonnent entre 1822 et

1835. Or, à cette époque là il n'y avait, pour ainsi dire, point de sociétés coopératives de consommation et le nom même n'était pas connu; vous savez que la société des Pionniers de Rochdale, considérée comme la mère des sociétés, ne date que de 1843.

Il est vrai que, avant les Pionniers de Rochdale, on peut citer quelques amorces de sociétés de consommation, notamment une fondée à Lyon, en 1835, deux ans avant sa mort et dont par conséquent il aurait pu connaître l'existence, mais il est possible qu'il ait dédaigné ces premiers essais comme trop inférieurs à ses magnifiques visions. Au reste, s'il l'a ignorée, en tout cas ceux qui l'avaient fondée n'ont pas ignoré Fourier puisque au contraire ils ont placé cette vénérable société sous le vocable, sous le patronage, peut-on dire, de Fourier en lui donnant comme enseigne : « Au commerce véridique »; c'est une expression qui revient fréquemment sous la plume de Fourier.

Il est vrai aussi que le mot même de « coopération », ce mot que nous employons aujourd'hui à satiété ne se trouve pas dans les œuvres de Fourier. Mais c'est que le mot de « coopération » est d'origine anglaise. Ce n'est pas pour moi une disqualification : je suis pour la libre importation des idées aussi bien que des marchandises. D'ailleurs si notre amour-propre national se sent froissé, consolons-le en rappelant que, au contraire, le mot « socialisme » est bien français par son origine, et de même le mot de solidarité. Mais quant au mot « coopération », ce fut en 1821, dans le journal d'un grand socialiste anglais, Robert Owen, que ce mot paraît avoir été employé pour la première fois. Dans le numéro du 27 août 1821 de ce journal anglais *Economist,* voici ce que je lis : « Le secret est dévoilé. C'est la coopération intégrale de la part de tous et pour chacun. »

Au reste, ce mot n'avait pas alors sa signification actuelle. En Angleterre, durant la première moitié du siècle dernier, le mot de coopération était tout simplement employé comme synonyme de communisme. Or nous savons que Fourier détestait le communisme et qu'en outre il était quelque peu anglophobe; il n'est pas étonnant que ce mot ne se trouve pas dans l'œuvre de Fourier.

Donc c'est entendu; on ne trouve pas dans l'œuvre de Fourier le mot de coopération ni celui de société de consommation, mais on y trouve mieux : on y trouve la définition même de la société coopérative de consommation — sous un autre nom, il est vrai, mais si précise qu'il ne peut y avoir d'erreur et qu'aujourd'hui même on ne peut mieux la définir; seulement Fourier l'appelle le *Comptoir communal*, et voici ce qu'il en dit :

« Le Comptoir communal aura pour rôle de procurer à chaque individu toutes les denrées indigènes ou exotiques au plus bas prix possible, en l'affranchissant des bénéfices intermédiaires que font les marchands et agioteurs. »

Eh bien, procurer à chacun toutes les denrées au plus bas prix par la voie de l'association et en éliminant les intermédiaires, n'est-ce pas la définition même de la société coopérative de consommation ? Pourquoi Fourier la baptise-t-il du nom de « Comptoir communal » et ne lui donne-t-il qu'une place subordonnée dans son système? Parce que ce mode d'association, tel qu'il vient de le définir, n'est pour lui qu'un mode transitoire, une réalisation partielle, qui doit conduire ultérieurement au phalanstère, au régime d'harmonie, à l'association intégrale. Mais il admet très bien, en attendant la réalisation intégrale du phalanstère, que réaliser l'association sous le nom de Comptoir communal, tel qu'il vient de le définir, serait déjà un très grand progrès.

Quelle est la différence entre cette association partielle et le phalanstère ? C'est qu'ici on ne demande pas aux adhérents de renoncer à la vie individuelle, à la vie de ménage, pour ne faire qu'un ménage commun; on ne leur demande pas, comme il faudrait le faire s'ils allaient au phalanstère, d'abandonner leur foyer, d'apporter tous leurs biens et leur argent dans la société. Non, que chacun reste chez soi, qu'il garde sa terre, ses capitaux, qu'il se borne à associer avec ses voisins son pouvoir de consommation, et aussi son pouvoir de crédit, et ainsi on aura cette demi-association qu'il appelle le Comptoir communal.

Dans les précédentes leçons, je vous ai parlé, comme devant se réaliser probablement dans un avenir plus ou moins prochain, des ménages collectifs où, par économie, il n'y aura qu'une seule cuisine; mais en attendant la cuisine commune, ce serait déjà un pas de fait s'il y avait le fournisseur commun.

§ 2. — Le Comptoir communal

Dans la pensée de Fourier, ce qu'il appelle Comptoir communal n'est donc qu'une société de consommation, mais qui devrait embrasser tous les habitants de la commune, comme on l'a fait sous le régime bolcheviste. Toutefois, son projet n'implique pas que tous les habitants de la commune seront enrôlés d'une façon obligatoire — comme ils l'ont été par les soviets dans les coopératives de consommation russes, pendant tout le cours de l'année dernière. Fourier, je l'ai déjà dit, est absolument hostile à tout emploi de la contrainte; il laisse donc cette association, quoique communale, facultative. Elle doit comprendre deux catégories de sociétaires; d'une part les actionnaires, ceux qui auront souscrit des actions; d'autre part, ceux qu'il appelle les « consignataires », en entendant par là les consommateurs simples qui ne versent pas d'argent, mais qui simplement apporteront leur clientèle. Il est à remarquer que nous retrouvons ces deux catégories de membres dans les sociétés de consommation actuelles : à la fois les sociétaires proprement dits, qui sont ceux ayant versé le capital, et ceux que nous appelons les adhérents qui sont de simples acheteurs.

Il est vrai que Fourier n'a pas eu l'idée de faire répartir les bénéfices de cette association entre les sociétaires en tant qu'acheteurs. Vous savez que ce fut là l'idée géniale des Pionniers de Rochdale et que c'est elle qui a fait le succès de la coopération dans le monde; verser les bénéfices non plus, comme on l'avait fait toujours et comme on le fait encore aujourd'hui dans les sociétés capitalistes, aux actionnaires, mais aux acheteurs, au prorata de leurs achats.

Idée géniale, dis-je, tant au point de vue théorique, qu'au point de vue pratique.

Au point de vue pratique parce que c'est précisément cet appât des bénéfices proportionnellement aux achats qui a agi comme la prime pour attirer les ouvriers et les engager à faire leurs achats au magasin coopératif.

Au point de vue doctrinal aussi, parce que ce partage des bénéfices entre les consommateurs signifie un déplacement de l'axe économique; tandis que jusqu'alors c'était le capital qui touchait les bénéfices, voici maintenant qu'il est dépossédé, et c'est le consommateur, jusqu'alors oublié, ignoré, qui non seulement va toucher les bénéfices, mais va exercer le gouvernement. Cette révolution, Fourier, il faut le reconnaître, n'en a pas eu l'idée. Non seulement Fourier n'a pas eu cette idée mais si elle s'était présentée à son esprit, il l'aurait écartée. En effet, Fourier n'était pas un adversaire du profit, car nous avons dit qu'il promettait dans son phalanstère des hausses invraisemblables, plus que ne le font aujourd'hui les prospectus des sociétés financières les plus cyniques, des profits jusqu'à 36 % ! C'est ce qui le différencie de l'autre grand socialiste, son contemporain, Owen, qui, lui, avait en telle haine le profit qu'il le définissait comme le cancer de nos sociétés. Et c'est certainement d'Owen que se sont inspirés les Pionniers de Rochdale et les innombrables sociétés de consommation de tous les pays constituées sur le type de Rochdale.

Mais alors Fourier n'aurait-il pas dû prévoir le risque que j'indiquais tout à l'heure ? N'aurait-il pas dû craindre que les sociétaires ne prissent pas la peine de venir au magasin comme acheteurs, mais se contentent de venir y toucher leurs dividendes à titre d'actionnaires ? Non, Fourier ne s'est fait nul souci à cet égard parce qu'il s'imaginait que tous les habitants de la commune seraient suffisamment attirés par les charmes du Comptoir communal et parce que ce ne serait pas seulement pour eux un magasin, mais une Bourse, disons presque une maison de jeu !

« Rien n'est plus agréable aux campagnards que les assemblées commerciales. C'est un charme dont ils jouiraient chaque semaine au Comptoir communal en séances de Bourse où l'on communiquerait les avis, correspondance commerciale où l'on débattrait sur les combinaisons d'achat ou de vente. Le paysan convoiterait avidement la gloriole d'actionnaires délibérants sur les achats et les ventes au Comptoir. Les paysans tiennent bien chaque dimanche la Bourse, ils la tiendraient au Comptoir communal. »

Il y a là une vision psychologique non dépourvue de toute vérité. Il est certain que les paysans ont grand plaisir à aller au marché une fois par semaine, marché qui porte même dans certains pays, comme disait Fourier, le nom de Bourse. Dans nos villes du Midi, il y a le « jour de la Bourse pour les vins », une fois par semaine, et ce jour-là, il n'y a pas de paysan qui n'attelle sa petite voiture et n'aille sur la place publique où l'on entend crier les cours des vins. Alors même qu'il n'achète rien, il recueille les nouvelles. Il est donc vrai que le marché hebdomadaire tient une grande place dans les récréations de la vie rurale. Mais entre ce fait et celui de l'exactitude à se servir au magasin social, il n'y a aucun lien nécessaire.

Si Fourier n'a pas prévu ce grand but de la société de consommation qui est l'élimination du profit, il a du moins vu clairement cet autre but qui est la suppression des intermédiaires, des parasites, et par là la diminution du coût de la vie.

« Le plus remarquable des avantages du Comptoir communal, dit-il, serait la chute du commerce... Ces comptoirs se consulteraient tous pour se passer des négociants, faire leurs achats et vente d'aliments les uns chez les autres. Il y aurait abondance de denrées en vente, et dès lors toutes les légions de marchands se trouveraient dénuées, comme les araignées qui périssent dans leur toile, faute de moucherons, quand une fermeture exacte interdit l'entrée de ces derniers. »

C'est que si Fourier ne détestait pas le profit, il détestait les commerçants, parce qu'il avait été commerçant lui-même pendant toute sa vie et que ce qu'il avait vu dans la pratique l'en avait dégoûté.

En somme donc, s'il est vrai qu'on ne trouve pas dans le Comptoir communal, toutes les idées essentielles de la société coopérative et notamment pas la ristourne pour le consommateur, du moins on y trouve les deux idées essentielles qui suffisent pour mériter à Fourier le titre, sinon de père, tout au moins de précurseur de ces sociétés à savoir :

1° Le groupement des consommateurs pour diminuer le coût de la vie;

2° La suppression de tous les parasites qui majorent le coût de la vie.

III

Les Associations agricoles en germe dans le Comptoir communal

Le Comptoir communal ne devait pas être simplement un magasin de denrées d'approvisionnement.

Fourier analyse minutieusement, comme il fait toujours, les fonctions du Comptoir qui sont multiples, car il n'a pas seulement celle de magasin d'achats en commun, mais nombre d'autres que je vais énumérer. On est étonné de tout ce qu'il a fait sortir de là, comme un escamoteur de ses gobelets, car ce Comptoir communal contient en puissance non pas seulement la société de consommation mais beaucoup d'autres organisations qui se sont réalisées plus tard.

Il devait être d'abord une institution de crédit coopératif. Fourier a même employé pour le désigner, parallèlement au nom de Comptoir communal, un autre nom qui a une meilleure fortune que le précédent; la *banque rurale.* Nous disons plutôt aujourd'hui « caisse rurale », mais peu importe.

L'association communale ne se bornerait pas à mettre à la disposition des sociétaires les denrées nécessaires à leurs besoins, mais leur fournirait aussi la plus nécessaire de toutes les denrées, le capital, et cela dans les conditions les plus économiques, car ce Comptoir communal servirait en même temps de Caisse d'Epargne. Les paysans y apporteraient leurs économies et ces économies formeraient une caisse qui servirait précisément à prêter à ceux qui en auraient besoin. « Tandis que, dit-il, les paysans ne trouvent à emprunter actuellement qu'à des taux usuraires de 17 %, grâce à notre Comptoir communal fonctionnant comme banque rurale, ils pourraient emprunter au plus bas prix possible. »

Il faut reconnaître qu'ici encore Fourier n'a pas aperçu ce qui fera plus tard le caractère essentiel, l'âme, de la société coopérative de crédit, celle qui a fait sa grandeur, non pas seulement économique mais morale, l'idée du crédit uniquement personnel. Point d'autre garantie que l'engagement *solidaire* de tous les associés, voilà une idée géniale, celle de l'Allemand Raiffeisen qui, en 1849, a créé la première banque rurale en Allemagne, mère de sociétés aujourd'hui plus nombreuses même que les sociétés coopératives de consommation et qui couvrent notamment l'Europe orientale. Tous les membres de l'association du type Raiffeisen répondent les uns pour les autres, mais ils répondent sur leur parole, sur leur personne, tandis que Fourier s'en est tenu à la vieille idée juridique du crédit sur gages.

Toutefois, même sur ce point, il a tout de même anticipé une forme de crédit qui ne s'est réalisée qu'après lui. Ce crédit n'est déjà plus le crédit sur la terre, sur hypothèque, c'est le crédit sur marchandises, crédit sur gage, il est vrai, mais mobilier.

« Le paysan membre de cette association pourra déposer au Comptoir communal son grain et son vin et recevoir une avance des 2/3 de la valeur estimée de ces denrées. C'est ce que désire le paysan, toujours forcé de vendre à vil prix au moment de la récolte. Il ne craindra pas de payer l'intérêt d'une avance. Il la paie bien 12 % aux usuriers. Il bénira le Comptoir qui lui avancera à 6 % l'an en lui épargnant tous les frais accessoires. Il consignera ainsi au Comptoir sa récolte; il pourra alors continuer son travail et le Comptoir communal soignera son grain, ou son vin, qui aura été mis en dépôt chez lui, avec beaucoup plus de soin et plus économiquement que s'il était resté dans la cave ou dans le grenier du sociétaire. »

Cette idée de faire fonctionner le Comptoir communal comme magasin de dépôt prêtant au déposant sur la valeur des marchandises déposées, c'est ce que nous appelons aujourd'hui les Magasins Généraux. Vous savez que dans la plupart des villes, les fabricants, les industriels, peuvent déposer leurs marchandises dans des établissements qu'on désigne sous ce nom. Il est vrai qu'à la différence du Comptoir prévu par Fourier, ces Magasins généraux ne prêtent pas eux-mêmes au déposant, mais ils lui remettent seulement un double titre : d'une part, un récépissé qui est la constatation de son droit de propriété; d'autre part, un titre que l'on appelle un warrant, négociable sur le marché, qui permettra au déposant de se procurer de l'argent sans être obligé de vendre la marchandise. Le warrant est un simple gage, c'est-à-dire que le prêteur le restituera quand il sera payé.

Quand il s'agit des cultivateurs, c'est le même système mais avec cette différence qu'il n'y a pas de Magasins généraux au sens matériel de ce mot, parce que pour le cultivateur il serait extrêmement incommode de porter son vin ou son blé dans un magasin et que d'ailleurs il serait peu pratique d'en construire à grands frais dans chaque petit village.

En conséquence, la loi permet au cultivateur de garder dans sa cave ou dans son grenier sa récolte, vin ou blé, et tout de même il est autorisé à émettre ces titres qui s'appellent des warrants et qui lui permettent d'emprunter sur gages, tandis que Fourier suppose le Magasin général installé dans chaque village sous la forme de magasin de garde, recevant, logeant et soignant le blé, le vin.

Ce n'était pas une mauvaise idée, et la preuve c'est qu'en Allemagne on a construit beaucoup de ces Magasins pour le blé, où il est beaucoup mieux soigné que dans les greniers des paysans.

Ce n'est pas tout : le Comptoir communal fonctionnera encore comme *bureau de placement* pour fournir du travail aux travailleurs en état de chômage. Ce serait, dit-il, très possible de fournir en toutes saisons à la classe indigente des occupations variées, soit dans les champs, soit dans les ateliers.

Cette idée d'Office de placement, vous savez quels développements elle a pris aussi dans tous les pays et quels services elle a rendus. Il est vrai que Fourier plaçait ces bureaux dans les villages et ce n'était pas précisément leur place; c'est dans les villes que le chômage se fait sentir; dans les campagnes, au contraire, l'offre des bras est plutôt inférieure à la demande. Et ce sera le cas surtout maintenant, après qu'une si grande partie de la population rurale a été supprimée par la guerre, et qu'une autre a émigrée dans les villes. Le chômage est un mal urbain et non pas rural.

Ce n'est pas tout encore : le Comptoir communal aura à jouer le rôle de société coopérative *d'assurance*, assurance contre tous les risques « afin qu'aucun individu ne soit excepté du bienfait des garanties ».

Voici encore une idée qui a été merveilleusement réalisée : nous avons en France 15 à 20.000 sociétés d'assurances coopératives rurales, particulièrement pour l'assurance contre la mortalité du bétail, mais aussi contre la grêle et l'incendie.

Est-ce tout enfin? Société de consommation, banque rurale, caisse d'épargne, magasin de prêt sur gages, office de placement, compagnie d'assurance, quoi encore? Eh bien, il reste encore une fonction que Fourier assigne à son Comptoir communal; c'est de devenir association coopérative de vente — je n'entends pas simplement vente pour la consommation personnelle, mais vente de tout ce qui est nécessaire à l'exploitation agricole — et aussi association de production.

C'est ici que nous retrouvons la coopération de production.

« Le Comptoir communal pourrait avoir à son compte des cultures et des troupeaux, selon les moyens dont il serait pourvu, et il donnerait à ses agents, même les plus pauvres, une portion d'intérêt sur quelques produits spéciaux comme fruits, légumes, afin d'éveiller en eux cette activité industrielle... »

Voici encore une voie nouvelle, et une large voie dans laquelle on s'est engagé dans tous les pays avec le plus grand succès, tout au moins en ce qui concerne la vente des produits agricoles, car pour la production la voie est hérissée d'obstacles que Fourier n'avait évidemment pas prévus et qui rendent la réalisation de cette dernière fonction extrêmement difficile.

Ce que nous appelons en France les Syndicats agricoles peuvent être considérés comme des réalisations du projet fouriériste, mais ils ne fonctionnent que comme sociétés d'achat de tout ce qui sert à la culture. A côté d'eux, sur certains points de la France, ont été créées des associations de production proprement dites; soit pour la production du beurre, ce sont les plus nombreuses; soit pour la production du fromage, ce sont les plus anciennes; soit pour la fabrication des conserves de fruits et de légumes, soit pour la production du vin, soit pour des distilleries, brasseries, etc... Nous commençons aujourd'hui à avoir dans le Midi de la France un nombre assez considérable d'associations de vinification qui répondent tout à fait au programme de Fourier. Il aurait exulté de joie s'il avait pu, pendant la saison, dans les villages de l'Hérault et du Gard, contempler les tombereaux de raisin venant de toutes les parties de la commune et apportant le raisin dans les celliers de l'association où la vendange passe par toutes les opérations successives du foulage, de la presse, de la fermentation, et, enfin transformé en vin, attend dans les foudres le moment favorable pour la vente. Les sociétaires peuvent attendre sans trop d'impatience, car ils touchent un acompte immédiatement; et quand la vente aura été effectuée, ils s'en partageront le prix au prorata de la quantité de raisin apportée.

Comme conclusion, nous voyons donc que tout ce qu'avait prédit Fourier, dans ses plans d'association coopérative communale, s'est réalisé; seulement ç'a été par mode fragmentaire et par des organes distincts, tandis que pour Fourier, qui voyait tout sous une forme grandiose, c'est par intégration, suivant le mot à la mode, qu'il aurait voulu procéder.

Peut-être, en voyant grand, voyait-il juste, mais pourtant si cette intégration doit se réaliser, ce ne sera qu'à la fin, non au commencement. On doit commencer par la spécialisation; ce n'est que peu à peu, et pas toujours, que l'on peut arriver à l'intégration. Voyez, par exemple, dans la grande industrie : on commence par la division du travail, par la spécialisation, et ce n'est que quand l'industrie est arrivée à son apogée, qu'elle se met à annexer tout ce qui la concerne : l'industrie métallurgique aura ses mines à elle, construira ses chemins de fer pour apporter les minerais, créera des usines pour utiliser les sous-produits et formera peu à peu une espèce de monde assez grand pour se suffire à lui-même. Il en est de même pour les institutions; il faut commencer par des institutions spécialisées, chacune ayant son objet propre, et plus tard elles pourront se fédérer, s'ingérer en institutions plus complexes. Il n'est nullement impossible qu'on voie un jour quelque colonie coopérative agricole, réunissant toutes les fonctions aujourd'hui séparées, réaliser l'attente du grand visionnaire.

NOTE BIBLIOGRAPHIQUE

L'exposé très sommaire de l'œuvre de Fourier et de son école que je viens de donner doit être complété par la lecture d'ouvrages plus détaillés.

L'ouvrage le plus complet sur Fourier et son école est celui de M. Hubert Bourgin. C'est un énorme volume de plus de 600 pages, qui a paru en 1905 et qui épuise la matière. Ce qu'on peut peut-être reprocher à ce livre c'est qu'il y a un tel fouillis de documents qu'il n'est pas très facile de s'y reconnaître, d'autant moins que la classification des matières laisse à désirer comme méthode.

On pourra consulter avec fruit une longue étude du même auteur sur Victor Considérant publiée (en 1908) dans la Revue *La Révolution de* 1848.

En remontant dans le passé, on retrouve un petit livre d'Hippolyte Renaud, un disciple de Fourier, qui a paru en 1842, sous le titre, à ce moment-là très nouveau mais aujourd'hui devenu banal, de *Solidarité*. Ce livre a eu un assez grand succès, sa septième édition a paru en 1898. C'est ce livre qui, dit-on, a converti Zola au Fouriérisme; c'est, en tout cas, celui qu'il a pris pour guide dans son roman *Le Travail* qui, vous le savez, est tout à fait inspiré de la doctrine fouriériste. Néanmoins le livre de Renaud, à mon avis, ne peut guère être utile, parce que la partie économique de la doctrine de Fourier n'y tient presque aucune place. L'auteur a été séduit surtout par les élucubrations cosmogoniques et même spiritistes qui foisonnent dans les livres de Fourier, mais qui, tout au moins en ce qui concerne l'objet de notre enseignement, n'offrent aucun intérêt.

Bien supérieur est le livre du principal disciple de Fourier, Victor Considérant, intitulé *la Destinée sociale*, dont le premier volume est de 1834, le troisième de 1844. Il est très supérieur comme méthode et clarté même aux livres du maître.

Nous nous permettons d'indiquer un petit volume que nous avons publié en 1895 dans « la Petite Bibliothèque des Economistes », de la librairie Guillaumin, aujourd'hui Alcan, sous le titre *Œuvres choisies de Fourier,* une anthologie des écrits de Fourier classés selon un plan méthodique et précédés d'une longue introduction. Dans ces extraits, à la différence des livres précédents, j'ai recherché surtout les idées qui, dans l'œuvre de Fourier, présentaient un intérêt économique, ou tout au moins sociologique. Au reste, ce petit livre est depuis longtemps épuisé, mais il a été traduit en anglais et en italien.

En langue italienne, indiquons un tout petit livre, mais très vivant et surtout biographique, *Carlo Fourier,* par Vincento Tosi.

Enfin, à ceux qui ne craindront pas de remonter à la source, il faut indiquer les livres de Fourier, ou du moins celui qui contient l'essentiel de sa doctrine, *L'Association Domestique Agricole,* réédité sous le titre de *Unité Universelle.* C'est en 1822 qu'a été publié ce livre capital de Fourier.

Ces derniers temps, nous n'avons entendu parler que de célébrations de centenaires. En voici un que je me permets de signaler et que nous venons de commémorer ici par ce cours.

FIN

TABLE DES MATIÈRES

INTRODUCTION

CHAPITRE PREMIER

Le Phalanstère et le Ménage collectif.

CHAPITRE II

Ce que doit devenir le travail agricole.

CHAPITRE III

L'INDUSTRIALISME ET LE SALARIAT — LE TRAVAIL ATTRAYANT

CHAPITRE IV

Le système de répartition dans la société fouriériste.

CHAPITRE V

L'École de Fourier et les expérimentations socialistes.

CHAPITRE VI

DANS QUELLE MESURE LE MOUVEMENT COOPÉRATIF SE RATTACHE-T-IL A FOURIER

:: L'ÉMANCIPATRICE ::
IMPRIMERIE COOPÉRATIVE
3, RUE DE PONDICHÉRY,
PARIS (XVe) — 1506.5.24

www.ingramcontent.com/pod-product-compliance
Ingram Content Group UK Ltd.
Pitfield, Milton Keynes, MK11 3LW, UK
UKHW020951230726
13923UKWH00007B/256